www.trafford.com

Para Norteamérica y el mundo entero
llamadas sin cargo: 1 888 232 4444 (USA & Canadá)
teléfono: 250 383 6864 ✦ fax: 812 355 4082

Este libro está dedicado a mis cuatro hijos – Caryn, Brett, Rylan y Aubrey – que Dios les conceda la habilidad de soñar grandes sueños, la compasión necesaria para caminar sobre las huellas de los menos afortunados y el deseo de tener un impacto positivo en las vidas de muchas personas.

¡Los quiero mucho!

Publicar un libro que no puedo entender, causa en mí como autor, una sensación extraña. Y el hecho es que el libro en sus manos es un libro que yo no puedo entender. Esto se debe a que a pesar de tener como una de mis metas aprender el idioma español, por ahora apenas puedo mantener conversaciones muy sencillas. Una de los aspectos que más me preocupaban al momento de decidir traducir mi libro a otro idioma era el riesgo de que el impacto del mensaje se perdiera en la traducción. Afortunadamente, ese no fue el caso.

Quiero extender mi más sincero agradecimiento a mi acertada traductora, Beatriz Prado y también a su hermano, mi amigo Antonio Prado por recomendarla. Beatriz, tu tomaste mis palabras originales y lograste traducirlas a otro idioma manteniendo el mismo peso e impacto del texto original. Encontrar un traductor es relativamente sencillo, pero encontrar a un traductor brillante es casi imposible. Gracias por hacer realidad un imposible.

En las palabras de uno de los primeros lectores de la versión en español del libro, " !El libro es perfecto! El mensaje es claro y preciso. Las ideas son fáciles de seguir. El español utilizado es impecable y la traductora hizo, además, un excelente trabajo en la traducción de las analogías" "Es un texto fácil de leer e interesante que merece mi más alto reconocimiento"

Beatriz, gracias. Quedo en deuda contigo.

Patrick Kelly

January 2010

Contenido

Parte IV: La solución para el retiro

Parte V: Aplicaciones Individuales

Parte VI: El paso siguiente

Reconocimientos

Quisiera dar las gracias a las muchas personas que me ayudaron y estimularon a seguir durante este proyecto. Sepan que este es un mejor libro gracias a su contribución.

A los numerosos agentes de seguros por todo el país que dedicaron su tiempo a la lectura del manuscrito en sus diferentes etapas de desarrollo, quiero que sepan que su respuesta honesta fue invalorable.

A aquellos que endosaron el libro, sus comentarios me hacen sentir humilde.

A mi maravilloso y talentoso equipo de trabajo, su apoyo me ayudó a seguir adelante; sin ustedes, el libro quizás jamás habría llegado a las manos del publicista.

A Art Moore, por usar su bien entrenado ojo de editor: es sorprendente lo que puedes ver.

A Rick Russ, tu diseño para la portada es una obra de arte, y mucho más de lo que yo hubiera podido desear.

Y a mi editora y amiga favorita, Marly; sin ti nuestros hijos hubieran muerto de escorbuto y mi escritura no sería digna de un libro. ¡Tú eres mi inspiración!

Prefacio

Dicen que tener hijos es como tener tu corazón caminando fuera de tu cuerpo. Publicar un libro es una experiencia muy similar. Es una perspectiva de peso e intimidante. Sin embargo, a los dolores de parto (no que yo lo sepa por experiencia personal) pronto los reemplaza una sensación de euforia, a medida que el bebé comienza a vivir su propia vida. De igual manera, la pesadez de este proyecto no se compara a la emoción de ver el producto final, ni a la esperanza que tengo de que este libro pueda transformar su vida y la vida de incontables personas en el mundo entero, muchas de las cuales nunca leerán el libro, pero si se beneficiarán de su corazón generoso y de su deseo de hacer una diferencia.

Este libro ha sido el fruto de más de una década de trabajo – desde la experiencia personal, hasta la idea seminal, para pasar a la palabra escrita y de allí al producto final. Se ha ido conformando en etapas, parando y comenzando de nuevo, de forma parecida al desarrollo de un niño. Aún más, este libro pasó la mayor parte de su existencia en una prolongada y desordenada adolescencia.

Es sumamente importante para mí comunicarles mis intenciones con este libro. Si no lo hiciera, ustedes no tendrían más opción que inferirlas, lo cual siempre da lugar a profundas malas interpretaciones. (Mis lectores casados saben de lo que estoy hablando.)

Mi deseo para este libro es uno sólo – que haga una diferencia positiva en sus vidas. Sin embargo, este objetivo único tiene tres componentes igualmente importantes:

- Primero, espero que este libro les ayude a manejar todos los aspectos de sus finanzas – incluyendo ahorros, manejo de deuda y planes de retiro – con una libertad y un entusiasmo renovados.

- Segundo, deseo que comprendan un plan de eficacia comprobada, y que sin embargo es desconocido por la mayoría que les permite acumular ahorros a largo plazo que pueden minimizar el impacto de impuestos futuros.

- Tercero y más importante, espero que este libro les impulse a usar el conocimiento recién adquirido para maximizar su riqueza en beneficio de aquellos que sufren y tienen necesidades en el mundo entero.

Si este libro siquiera se acerca a lograr estas metas, consideraré que los años invertidos trabajando en él fueron años bien gastados.

Quisiera también compartir con mis lectores las cosas que este libro no espera alcanzar. Este no es un plan para enriquecerse rápido y sin esfuerzo. Esta no es una idea radicalmente nueva. Finalmente esta no es una promesa de lograr grandes fortunas. De hecho, este libro no promete nada, excepto brindarles algunas horas de lectura.

Sobre este mismo tema, las ilustraciones que el libro incluye son puramente conceptuales en su naturaleza. Su intención es expandir su conocimiento financiero, y no brindar ningún tipo de instrucción personal o de inversión. Mientras por una parte los conceptos pueden funcionar maravillosamente si se administran adecuadamente, por la otra, es posible mal manejar el mejor plan y obtener resultados desastrosos. Todo depende de las decisiones que tomen y su ejecución adecuada.

Adicionalmente y aunque suene como algo obvio, este libro ha sido escrito en el presente y no en el futuro. Por tanto, mientras los conceptos presentados funcionan en el momento en que fue escrito, no me comprometo a asegurar a que continuarán vigentes en el futuro. Yo espero que estos conceptos perduren en el tiempo, pero las leyes impositivas cambian continuamente para satisfacer las necesidades de nuestra sociedad y nuestra economía. Por tanto repito, este libro pretende simplemente ayudarlos a moverse en la dirección correcta; una dirección en la que mis lectores buscan la ayuda de un profesional calificado, que pueda guiarlos a lo largo de los años de manera bien administrada y capaz.

Para cerrar, debo decir que me siento como un guía de excursiones en el agua, feliz de compartir la singular experiencia de mi río, y al mismo tiempo ansioso acerca de ayudarles a navegar las turbulentas aguas que sin duda serán parte de su experiencia. Así es que con esa imagen final, por medio del presente declaro, "¡Bienvenidos a la aventura!"

Primera parte: La base

1

El comienzo

Vivimos en un mundo de ruido financiero. A donde quiera que miremos nos vemos bombardeados por trucos y estafas. Los medios financieros de hoy en día nos hacen creer que nos proveen de información confiable y útil cuando en realidad lo que proveen es entretenimiento en el campo de las finanzas. No es confiable, está pasado de moda y además ya nos son noticias frescas cuando las pasan por televisión.

En nuestra historia reciente no hay un mejor ejemplo de lo anterior que el boom y finalmente el fracaso de la tecnología. Personas que nunca antes habían comprado acciones en la bolsa de repente estaban dando consejos a otros inversionistas. ¿De dónde sacaron esa información tan confiable? De los programas de televisión sobre temas financieros y los chat rooms de internet. Personas que no tenían idea de lo que estaban haciendo se transformaban de la noche a la mañana en gurús sobre el tema porque habían dado un buen dato o acertado en un consejo. Por todas partes aparecían sitios web. Habían nacido los héroes.

Sin embargo, lo que hacían era engañar al público. Se perdieron grandes fortunas. Riquezas incalculables se consumían hasta hacerse nada. Los bancos comenzaron a re poseer mansiones y hasta carros de lujo. Para muchos norteamericanos, ya no era posible retirarse. Es ahora cuando sabemos esto, ya que siempre es posible ver el pasado con más claridad.

El instinto que impulsaba a las personas era el de la avaricia. Todo el mundo quería su pedazo del pastel. Nadie quería desperdiciar la oportunidad de hacerse rico con el próximo Microsoft, Netscape o AOL. La marea financiera estaba en ascenso y todos los barcos estaban en subida. Sin embargo, uno nunca sabe quien nada desnudo hasta que la marea baja. Tal y como estaban las cosas, habían muchos nadadores desnudos desde el punto de vista financiero. Las personas se sentían atrapadas y temerosas de salir del agua, y entonces ¿qué hicieron? Siguieron atrapados en la marea mientras ésta bajaba y bajaba, hasta que no quedó nada excepto cuentas bancarias resecas y márgenes espantosos.

¿Qué cómo sé esto? Yo era uno de esos nadadores financieramente desnudos. Aunque no era un verdadero corredor de bolsa, compraba y vendía acciones todas las semanas. Compraba compañías a las cuales yo no tenía ningún derecho de comprar, con dinero que yo no tenía el derecho de invertir, basado en consejos de individuos que no tenían el derecho de ser escuchados. Irónicamente, los peores consejos y mis más grandes errores provenían de "expertos" corredores de bolsa. Lo que terminé por comprender es que ellos no sabían más de lo que yo sabía y quizás hasta sabían menos que yo. De haber seguido mi propio plan, mi cuenta de inversiones hubiera llegado a tener hasta siete dígitos, incluso después del desplome tecnológico. Lo que terminé de entender es que muchos corredores de bolsa no son más que marionetas de los analistas de las compañías para las que trabajan y que a estos últimos tan solo los motiva su propia avaricia y los riesgos que asumen. No era más que una manipulación para su propio beneficio, disfrazada de experticia financiera.

Durante cinco años hice mucho dinero, para luego, después de unos pocos meses y unas pocas malas decisiones, perderlo todo.

Mi próxima frase podrá parecerles extraña ahora, pero estará más que clara para cuando terminen de leer el libro. Esta experiencia fue una de las más relevantes en toda mi vida. Aún cuando mis cuentas de inversión estaban desangrándose, había recibido un premio mucho mayor…un PhD en experiencia de vida. Había logrado obtener conocimientos tanto en el reino de las finanzas como más allá de él y lo que era aún más importante, ahora estaba listo para hacer las cosas de diferente manera. Estaba listo para encontrar un plan que produjera ganancias a largo plazo, no se trataba de hacerse rico rápido, o de las acciones que más se movían, u otra de esas modas financieras, sino de una estrategia de inversión probada y comprobada que me permitiría ganar en los años venideros.

Mi búsqueda había comenzado.

Antes de guiarlos por el camino de mi travesía, creo que es importante hacerles entender de dónde vengo. Durante 15 años he trabajado como agente de seguros licenciado para una importante compañía norteamericana. Durante estos años he desempeñado distintos roles para mi compañía. También he sido testigo de numerosos cambios en el terreno de los seguros y las finanzas. Mi carrera como agente comenzó con esta compañía en Seattle, Washington, cuando tenía dos años de casado y mi esposa y yo esperábamos nuestro primer hijo. La vida era buena y los negocios predecibles. En aquel entonces, la compañía para la que trabajaba ofrecía todos los productos de seguros necesarios para el día a día…seguros para autos, vivienda, comercio, de vida y salud.

Luego de tres años, lo predecible de mi trabajo se tornó en aburrimiento. El negocio crecía pero mi interés no. Recuerdo haber estado manejando a casa una noche y haberme reído luego de haber pensado en voz alta, "Dios, vas a tener que hacer un milagro para que yo pueda estar en este trabajo por 30 años."

Mi falta de tranquilidad me hizo buscar otras maneras de emplear mis energías. Fue en ese entonces, en 1994, que descubrí las inversiones en acciones. Comencé a invertir mucho antes de que estuviera de moda. Cada noche le dedicaba horas a aprender las intimidades del mundo financiero. La estaba pasando bien y además haciendo dinero, cantidades de dinero.

Al mismo tiempo, recibí una oferta de otra compañía para trabajar como asesor para su equipo gerencial en Tacoma, Washington. Esta parecía ser la salida perfecta para mi exceso de energía y me brindaba la oportunidad de ver cumplido uno de mis sueños: vivir en una pequeña ciudad costera que servía como suburbio al mercado de negocios de Tacoma. Acepté la oferta.

Puesto que mis investigaciones financieras las hacía durante la noche, en mi propio tiempo, me fue posible continuar con ellas y simultáneamente trabajar en mi nueva posición en la compañía. Esto me permitía disfrutar de ambas cosas y ser exitoso en ambas por igual.

Una característica muy particular del mundo corporativo norteamericano es la tendencia que tiene de mover a sus empleados. Después de trabajar seis años en la gerencia, era obvio que mi próximo cargo, y mudanza, estaban ya en el horizonte. Hubo varias conversaciones y se me presentaron diferentes opciones. El siguiente paso no estaba aún escrito, pero una cosa estaba clara, me llevaría lejos de nuestro tranquilo pueblito costero. Esta era una decisión muy difícil para mí. Amaba a mi carrera tanto como a la perspectiva de vivir en distintas partes del país. Sin embargo, nuestra familia de tres personas ahora tenía cinco personas. Teníamos conexiones con nuestra comunidad y nuestro deseo de plantar raíces profundas triunfó sobre el deseo de una vida profesional llena de aventuras.

Fue así que de una manera casi milagrosa, me encontré de vuelta en producción personal como agente de seguros en enero de 2001, pero ya nada era igual. El paisaje financiero había sufrido cambios y ahora las compañías de seguro ofrecían productos bancarios y los bancos ofrecían seguros. Todo el mundo se involucraba en el negocio de los demás. Ahora era un sólo mercado financiero y yo estaba listo para saltar.

En ese momento me encontraba listo para comenzar a construir una fortuna de una manera novedosa. El único problema era que no sabía lo que esto significaba. Me iba a dedicar a hacer una investigación profunda, diferente de todas las otras investigaciones que había hecho hasta entonces. En este caso no iba a aceptar una respuesta basado en lo que otras personas tuvieran que decir. Iba a hacer el trabajo yo mismo, y conseguir la verdadera información. Cada detalle tenía que tener sentido desde el punto de vista financiero. En ese entonces, además de acciones individuales y materias primas, también podía vender la mayoría de los otros productos financieros disponibles, los cuales incluían planes de retiro 401(k), planes de pensión simplificados o SEPs, planes de retiro con impuestos diferidos o IRAs y otros planes de pensión individualizados y planes de distribución de ganancias. Me era además posible obtener fondos para estos planes con una miríada de diferentes productos, por lo que mi arsenal personal de productos incluía de todo un poco.

A pesar de lo anterior, yo tenía la disposición de ir más allá de mi propia área de negocios de ser necesario, a fin de encontrar las herramientas más adecuadas para construir un caudal de riqueza para el largo plazo. Gracias a mi experiencia financiera, para ese entonces también contaba con los conocimientos para saber dónde encontrarlas.

Comencé por borrar todas mis creencias preconcebidas y estaba listo para dar a cada plan y estrategia una oportunidad de éxito. Mi deseo era realizar una búsqueda honesta en la que la idea ganadora era el resultado de los hechos y no mi propio afecto emocional o mi acceso personal a ciertos productos.

El resultado de mi investigación fue sorprendente. Si me hubieran ofrecido un millón de dólares si era capaz de nombrar el producto que terminaría siendo el ganador, hubiera tenido tres oportunidades y aún así no habría ganado. La estrategia ganadora había estado bajo mis propias narices durante toda mi carrera y sin embargo no había sido capaz de verla.

Es más, ahora que he recorrido este camino tan personal, me estremece pensar en la escandalosa falta de comprensión que tiene toda la industria financiera acerca de cómo funciona el dinero, la mejor manera de acumularlo a largo plazo y cuáles son los instrumentos financieros que mejor funcionan para lograr la acumulación de riqueza a largo plazo.

Como regla general, los agentes de seguro no lo entienden (durante la mayor parte de mi carrera yo no lo entendí), los planificadores financieros no lo entienden, los medios de comunicación que cubren el campo de las finanzas no lo entienden y ciertamente los corredores de bolsa no lo entienden. La mayoría de las personas que trabajan en la industria financiera lo hacen casi a ciegas. Simplemente escupen hechos y números que no son más que medias verdades (o incluso mentiras) debido a que únicamente prestan atención a lo que dicen los supuestos expertos en su propio campo. Lo que les falta es una comprensión a fondo del terreno financiero en su totalidad, por lo que en sus mentes es válido suponer que si se están ganando un buen sueldo, ¿por qué preocuparse?

Yo estaba decidido a ir más allá de ese nivel de comprensión, aún cuando lo que encontrara pudiera no gustarme. Incluso si eso significaba que todas mis creencias acerca del dinero y su acumulación resultaran erradas. Mi búsqueda iba a ser honesta y justa.

Lo hice. Y la travesía fue vivificante.

Es mi más sincera esperanza que el conocimiento que obtuve como resultado de esta experiencia personal resulte ser la información financiera más productiva que haya caído en sus manos. Espero que este libro cause un impacto perdurable en sus vidas, en las vidas de sus familias y en el futuro de las comunidades en las que viven.

Si cada uno de nosotros sencillamente sigue a la mayoría, entonces todos terminaremos como la mayoría. Si ustedes se atreven a ser diferentes, sus vidas tendrán un impacto significativo. Vivan bien, y por cierto, no dejen que la avaricia o el miedo guíen sus pasos…tanto la una como el otro siempre los llevarán en la dirección equivocada.

2

¿Por qué estamos en este desastre financiero?

¿Logré captar su atención? Eso espero, porque su futuro financiero depende de que lo haya logrado. Sin embargo, antes de comenzar a explorar más a fondo las razones por las que el gobierno es el único eventual ganador en el caso de quienes colocan sus fondos en un plan de retiro con beneficios impositivos, es importante aclarar otros puntos. No sé si alguna vez han escuchado el dicho que dice "se puede llevar a un caballo al agua pero no se puede hacer que beba." Pues la misma idea aplica en el caso de los seres humanos en el campo de las finanzas.

Yo pudiera presentarles un plan que tiene todo el sentido financiero del mundo. Pudiera mostrarles cómo evitar los impuestos sobre sus ahorros. Pudiera sorprenderlos con toda clase de informaciones novedosas. Pero no importa cuán buenas sean esas informaciones, su éxito financiero no depende de lo que ustedes *sepan*, sino de lo que ustedes *hagan*.

PATRICK KELLY

Después de 15 años en este negocio, he descubierto que existen nueve problemas sorprendentemente comunes que todos enfrentamos. Los he observado con tal uniformidad que he decidido crear un nuevo término y llamarlos *Minas Financieras*. Honestamente, hasta ahora no he conocido a nadie que no se haya enfrentado a alguno, la mayoría o a todos los problemas que a continuación detallo.

Por tanto, si estas *Minas Financieras* nos son comunes a todos, y nos impiden tomar buenas decisiones financieras, es importante que las estudiemos en detalle antes de darles mi solución o no estaríamos más que llevando al agua a un caballo que no tiene sed.

Mi deseo es que la siguiente sección de este libro los haga sentirse muy sedientos. Sedientos de tomar buenas decisiones y de hacer las cosas de diferente manera así como de voltear la página en el manejo de sus finanzas. Sedientos de crear un plan que funciones para su situación personal para que lo puedan seguir por un largo tiempo.

Les pido que entiendan que esta es una parte crítica del libro para todos sus lectores, incluso aquellos que hasta ahora han manejado sus finanzas con éxito. Créanme, llegará el día en que una de estas minas financieras se les presente a la puerta, o se les aparezca de manera tan atractiva que no podrán resistirse a sus encantos. Mi deseo es que ustedes sean capaces de mucho más. Les prometo que si pueden evitar caer en estas *Minas Financieras*, lograrán tener éxito en sus inversiones hasta un nivel que muy pocos han experimentado.

Solo entonces estarán preparados para aprovechar las enseñanzas de este libro.

Si además de evitar las nueve *Minas Financieras* logran poner en práctica la estrategia de *Retiro Libre de Impuestos* que les presento, entonces se encontrarán en una posición que revolucionará no solo su futuro financiero, sino literalmente el futuro de sus familias, sus comunidades, y muy posiblemente del mundo entero.

Aunque mis comentarios les parezcan exageraciones, podrán ver la verdad contenida en ellos al concluir el último capítulo de este libro.

Pues bien, ¿están listos? Veamos ahora esas *Minas Financieras...*

Segunda parte: Cómo evitar las nueve minas financieras

3

Mina # 1 – Falta de planificación

¿Cómo es posible que cada año cientos de miles de norteamericanos lleguen a la edad de retiro sin contar con los fondos necesarios para retirarse? ¿Qué sucedió? ¿Será culpa del gobierno?

Muchas personas van a la universidad, consiguen un trabajo, trabajan durante 40 años, se retiran temporalmente, para terminar dándose cuenta de que el dinero no les alcanza para vivir. De manera que a los 65 años o más, tienen que buscarse un trabajo en McDonald's y se mueren durante la hora del almuerzo con una espátula en una mano y un pan de hamburguesa en la otra. Está bien, quizás no sea tan dramático, pero sin la planificación adecuada uno de ustedes podría llegar a tener el record Guinness como la persona de más edad en armar una hamburguesa de McDonald's. Muy pocos se detienen en medio de ajetreo y el corre-corre de la vida diaria para hacerse ciertas preguntas que son realmente importantes: *¿Cuánto dinero voy a necesitar para retirarme? ¿¿A qué edad me quiero retirar ¿Cómo voy a hacer para reunir ese dinero?*

Por favor no cometan ese mismo error.

Es muy fácil comenzar a recitar números, como por ejemplo un millón de dólares, pero el hecho es que la mayoría no tiene idea de cuánto necesita ahorrar cada mes para poder llegar a tener un millón de dólares en el banco. Déjenme preguntarles en este momento, al 8% de interés ¿cuánto deben ahorrar a partir de hoy para llegar a tener un millón de dólares a los 65 años? ¿Qué sucedería si la tasa de interés fuera del 6% o del 12%? ¿Que no saben? ¿Por qué? Ahí lo tienen. El obstáculo número uno para un ahorro efectivo es exactamente este: las personas no tienen un plan.

Estaría dispuesto a apostar a que no hay una persona en 10.000 que pueda responder a esta pregunta sin sentarse con una calculadora financiera para tratar de responderla. Nuestra sociedad nos entrena para que *no* sepamos. De hecho, nos entrena para que no nos importe. El ambiente nos exige gastar, gastar y gastar y una vez que el dinero se acaba, entonces sacamos las tarjetas de crédito y gastamos aún más.

La mayoría de las personas le dedica atención y esfuerzo a cuánto van a gastar y no a cuánto van a ahorrar. Y si acaso ahorran, su plan es guardar lo que les sobra después de que todas las cuantas están pagadas. ¿El problema de este enfoque? Que nunca sobra nada, sin importar si la persona gana $20.000 o $200.000. Sin un plan, *todo* se gasta.

El ahorro ha llegado a ser algo casi antinorteamericano, antipatriótico. En su libro *Your Money or Your Life*, Joe Dominguez y Vicky Rubin reportan que: "La tasa de ahorros (ahorro como un porcentaje del ingreso disponible) era de 4,5 por ciento en 1990 (llegó a un mínimo de 4,1 por ciento en 1988) mientras que en 1973 los norteamericanos ahorraban un promedio de 8,6 por ciento. Los japoneses por cierto, ahorran más del 15 por ciento de su ingreso disponible."[1]

El problema es que la mayoría de los norteamericanos no tiene un plan. No debemos olvidar que *la gente no planea fallar, pero si fallan en tener un plan*. Cuando miro las estadísticas ya enumeradas, se me hace evidente que somos una nación de individuos que hemos perdido el arte de ahorrar. Vemos un juguete y lo compramos.

Pasamos por una casa más grande y la compramos. Envidiamos el carro de nuestro vecino así que lo copiamos, o lo pasamos.

A lo mejor ustedes se van a sí mismos perdiendo la batalla del ahorro porque no tienen un plan. ¿Qué pueden hacer? La respuesta es fácil, crear uno. Déjenme enseñarles cuáles son los pasos prácticos necesarios para construir y *poner en práctica* (esta es la clave) un plan práctico y ejecutable.

Primer paso: Establecer una meta

Lo primero es decidir cuánto dinero necesitan (o desean) acumular y cuántos años tienen para alcanzar esa meta. Por ejemplo, una persona de 35 años que quiere acumular ahorros de 1.500.000 dólares para cuando cumpla 65 años (los cuales por cierto serían equivalentes a 610.540 dólares en dinero de hoy en día con un modesto índice de inflación del 3%), ¿cuánto tendría que ahorrar mensualmente? Yo creo que el resultado los sorprenderá.

Contribución mensual necesaria para que una persona de 35 años pueda ahorrar 1.500.000 dólares al cumplir los 65 años.

Tasa de interés mensual	Contribución necesaria
4%	$2.161
6%	$1.493
8%	$1,006
10%	$664
12%	$429

(Esta tabla no tome en consideración la *reducción* en ahorros por impuestos pagaderos sobre el interés durante los años de acumulación.)

La única variable en esta tabla es la tasa de interés. El tiempo de acumulación para cada ejemplo es exactamente el mismo. Les dije que los resultados serían sorprendentes. En ocasiones he escuchado decir que el interés compuesto es la octava maravilla del mundo – ahora pueden ver por qué.

Cuando yo era niño, recuerdo que mi madre me hizo una pregunta muy interesante. Quizás a ustedes también se la hayan hecho. Mi mamá usaba esta pregunta como un instrumento de enseñanza y obviamente funcionaba porque en todos estos años no he podido olvidarla.

"Patrick," me decía, "¿qué te gustaría más, que alguien te diera un millón de dólares o que te diera un centavo que duplicara su valor cada día durante un mes?"

"¡Un millón de dólares por supuesto!" respondía yo. En ese entonces un millón de dólares representaba todo el dinero del mundo. Yo estaba seguro que ese centavo se tendría que duplicar como por mil años antes de llegar a valer lo mismo que un millón de dólares.

Ella me miraba sonriendo y me decía, "quiero que vayas y calcules cuánto valdría ese centavo después de un mes de duplicar su valor todos los días y que luego vengas y me digas cuál de los dos preferirías tener."

"Está bien." Le decía yo y me iba a hacer mis cálculos a mano, pero les voy a ahorrar el trabajo y sorprenderlos con la respuesta. Ese centavo vale casi *once veces* lo que vale el millón dólares en un mes de treinta días ($10.737.418,24 para ser más exactos), y veintiuna y media veces más que el millón de dólares en un mes de 31 días ($21.474.836,48 para ser más exactos). ¿La pregunta ahora es cuál de los dos preferirían tener?

Espero que estén comenzando a vislumbrar el increíble poder del interés compuesto.

Segundo paso: Páguense ustedes primero

Ahora que comienzan a tener los elementos para crear su propio mapa para alcanzar sus metas financieras futuras, vale preguntarse ¿de dónde voy a sacar el dinero en mi presupuesto para comenzar a guardar para el futuro? Si ustedes son como la mayoría, con frecuencia se enfrentan al hecho de que el mes dura más que su dinero.

Por lo tanto, si tal y como están las cosas el dinero no les alcanza, seguramente se estarán preguntando de dónde va a salir el dinero para este nuevo plan. La respuesta es un principio muy sencillo que cualquier planificador financiero de experiencia les propondría, y sin embargo es un plan que muy pocas personas practican. Es el siguiente: páguense ustedes primero.

¿A quién le pagan ustedes de primero todos los meses? Al gobierno, por supuesto. Nunca falla, sin importar si lo producido es mucho o poco, al gobierno siempre le toca su parte, el dinero siempre alcanza para pagarle. ¿Por qué? Porque le pagamos de primero, cuando aún tenemos dinero. Qué tan buena idea fuera si el gobierno dijera "Está bien, paguen todas sus cuentas y obligaciones primero, cómprense sus boletos para el concierto y paguen por sus vacaciones. Luego al final del mes, nos mandan lo que reste." Lo único seguro con este plan es que tendríamos menos burócratas.

Sin importar nuestra opinión acerca del gobierno, lo único que podemos garantizar es que no son tontos. Ellos saben muy bien que si esperan hasta el final para reclamar su parte, su trabajo estaría en vías de extinción, pues no restaría nada para ellos, tal y como no resta nada para cada uno de ustedes en este momento. ¿Y cómo compensamos por esta reducción en nuestro ingreso cortesía de nuestros amigos del gobierno? Simplemente ajustando nuestro estándar de vida para que se adapte al dinero que nos resta todos los meses.

¿Qué pasaría si la próxima vez que recibieran su cheque, se dijeran "La verdad es que ya no puedo seguir pagando mis impuestos, porque necesito el dinero para pagar por mi viaje a Hawai el mes que viene?" Con toda seguridad, terminarían compartiendo su nueva habitación de cemento con rejas en la ventana con otro recluso, y ya no tendrían que preocuparse por los impuestos.

La gente paga sus impuestos, y lo hace antes de pagar por cualquier otra cosa.

La pregunta es ¿Por qué tratar al gobierno mejor de lo que nos tratamos a nosotros mismos? No es que sea intencional; se trata de que la mayoría de las personas no piensa en esos términos. La clave para tener éxito con las inversiones es hacer por nosotros mismos lo que el gobierno hace por nosotros. Debemos separar un porcentaje de nuestros ingresos y ahorrarlo *inmediatamente*. Mi recomendación es que ahorren por lo menos *el diez por ciento de su ingreso bruto* de manera inmediata. La mejor manera de hacerlo, es tratar a este monto exactamente como tratamos nuestros impuestos o cualquier otra cuenta por pagar, descontándolo de primero y la mejor manera de hacerlo es mediante una deducción automática.

El diez por ciento parece un monto imposible, pero no lo es. Estoy seguro que les sorprenderá darse cuenta de que ni siquiera lo echan en falta. Ese mismo monto se nos escapa a la mayoría todos los meses de entre los dedos en cosas como cafés, comida rápida y tonterías que no necesitamos. ¿Por qué? Sencillamente porque el dinero está allí, rogando que lo gastemos. Si desde el mismo momento en que lo recibimos lo separamos, y creamos una falsa sensación de escasez, yo no creo que el resultado sea una disminución de su nivel de vida, sino sencillamente del número de cosas inútiles que estarán a la venta en su próxima venta de garaje.

Cuando se sientan tentados a usar el dinero de su nueva cuenta de ahorros, o a hacer un poquito de trampa, solo por este mes – ¡no lo hagan! Pretendan que el dinero de su fondo de inversiones es tan intocable como los impuestos que pagan todos los meses. Si las cosas están realmente apretadas, es mejor planear alrededor de este nuevo presupuesto reducido. Lo que esto representa es que quizás sea necesario reevaluar el presupuesto y eliminar todo lo que no sea necesario, pero en mi experiencia, muy pocas personas notan la diferencia.

Mi lema personal siempre ha sido: Es mucho más fácil gastar el dinero que hemos ahorrado de más, que ahorrar el dinero que hemos gastado de más.

Tercer paso: Comiencen hoy y sean consistentes

Este último paso es muy sencillo – comiencen hoy y no se desvíen de su plan. En el próximo capítulo me dedico a esta idea con más detalles.

Para recapitular, los siguientes son los tres pasos básicos para poner en práctica un plan factible:

Primer paso: Establecer una meta.

Segundo paso: Páguense de primeros.

Tercer paso: Comiencen hoy y sean consistentes.

4

Mina # 2 – La demora

En la sección anterior pudimos ver en la tabla de inversiones el efecto dramático que tiene el porcentaje de retorno sobre el resultado futuro de su inversión. En esta sección examinamos el otro factor determinante del tamaño de su cuenta de inversiones – el tiempo.

"En 1626, los nativos norteamericanos vendieron lo que hoy conocemos como la isla de Manhattan, Nueva York, a los colonos blancos a cambio de una pila de baratijas con un valor equivalente a 24 dólares. Hoy en día, el valor de Manhattan en términos de bienes raíces se estima que sea de 23.4 mil millones de dólares." Sin embargo, si estos mismos nativos hubiesen vendido estas baratijas por un monto de 24 dólares en efectivo y hubieran colocado este dinero en una cuenta de interés compuesto al 6%, su inversión valdría hoy 27.600.000.000. Aún más, si los nativos norteamericanos de hoy en día hubiesen heredado esta fortuna, podrían volver a comprar la isla de Manhattan y aún les quedarían 4 mil millones dólares en la cuenta.

Lo anterior no significa que los nativos hayan hecho un buen negocio, sino tan solo ilustra cómo algo que aparenta ser un poquito, puede ser mucho más de lo que habíamos pensado. En otras palabras, para tener grandes logros no se requiere de una inversión inicial muy grande, o el talento de un genio, una suerte increíble o un esfuerzo sobrehumano. Los grandes logros son posibles para cualquier persona que logre comenzar aunque sea con un poco y trate de alcanzar su meta con persistencia.

Permítanme ilustrar con un ejemplo diferente el poder que tiene el tiempo sobre sus inversiones. Si, el día que Benjamín Franklin nació en 1706 sus padres hubiesen depositado un centavo en una cuenta con un interés del 8%, los herederos del señor Franklin tendrían hoy una ganancia inesperada de más de 53 millones de dólares (también hay que tomar en cuenta que tras aproximadamente 9 generaciones habría que repartirlos entre muchísima gente.)

El punto está claro – el *tiempo tiene un efecto significativo sobre sus inversiones*. Veinticuatro dólares se transforman en 27.6 mil millones y un centavo se transforma en más de 53 millones de dólares. Por supuesto que estamos hablando de períodos de tiempo que son mucho más largos que nuestras expectativas de vida, pero lo importante es entender que podemos aprovechar este mismo poder y ponerlo a trabajar a nuestro favor durante *nuestra* vida.

Permítanme contarles una última historia. Se trata de dos individuos llamados Jill y Mark. A los 19 años Jill comenzó a invertir dos mil dólares al año con una tasa de interés compuesto del 10%. Después de tan solo *ocho años*, (a los 26 años de edad) paró de invertir y dejó que sus 16 mil dólares crecieran hasta que ella llegar a los 65 años.

Mark por otra parte, debido a circunstancias de la vida, esperó hasta tener 27 años (el mismo año que Jill dejó de invertir) para comenzar a ahorrar para su retiro. Aún era joven y estaba orgulloso de haber comenzado temprano y de la atención que dedicaba a su futuro bienestar financiero. Mark también depositaba dos mil dólares anuales a su fondo de retiro, pero él tuvo que contribuir durante *39 años*, todos los años, desde que tenía 27 hasta que se retiró a los 65 años. Su contribución durante esos 39 años fue de 78 mil dólares (Mark comenzó apenas ocho años después que Jill, pero aportó 62 mil dólares más.)

La gran pregunta es la siguiente: "¿Quién tenía más dinero al momento de retirarse?" Si dijeron Jill, tiene razón. El valor de su inversión para cuando cumplió los 65 años era de 1.035.160 dólares, mientras que el valor de la inversión de Mark era de apenas 883.185 tal y como lo refleja la siguiente tabla.

	Jill		Mark	
Edad	Contribución	Valor al final de año	Contribución	Valor al final de año
19	$2,000	$2,200	-0-	-0-
20	2,000	4,620	-0-	-0-
21	2,000	7,282	-0-	-0-
22	2,000	10,210	-0-	-0-
23	2,000	13,431	-0-	-0-
24	2,000	16,974	-0-	-0-
25	2,000	20,872	-0-	-0-
26	2,000	25,159	-0-	-0-
27	-0-	27,675	$2,000	$2,200
28	-0-	30,442	2,000	4,620
29	-0-	33,487	2,000	7,282
30	-0-	36,835	2,000	10,210
31	-0-	40,519	2,000	13,431
32	-0-	44,571	2,000	16,974
33	-0-	49,028	2,000	20,872
34	-0-	53,930	2,000	25,159
35	-0-	59,323	2,000	29,875
36	-0-	65,256	2,000	35,062
37	-0-	71,781	2,000	40,769
38	-0-	78,960	2,000	47,045

39	-0-	86,856	2,000	53,950
40	-0-	95,541	2,000	61,545
41	-0-	105,095	2,000	69,899
42	-0-	115,605	2,000	79,089
43	-0-	127,165	2,000	89,198
44	-0-	139,882	2,000	100,318
45	-0-	153,870	2,000	112,550
46	-0-	169,257	2,000	126,005
47	-0-	186,183	2,000	140,805
48	-0-	204,801	2,000	157,086
49	-0-	225,281	2,000	174,995
50	-0-	247,809	2,000	194,694
51	-0-	272,590	2,000	216,364
52	-0-	299,849	2,000	240,200
53	-0-	329,834	2,000	266,420
54	-0-	362,834	2,000	295,262
55	-0-	399,099	2,000	326,988
56	-0-	439,009	2,000	361,887
57	-0-	482,918	2,000	400,276
58	-0-	531,201	2,000	442,503
59	-0-	584,321	2,000	488,953
60	-0-	642,753	2,000	540,049
61	-0-	707,028	2,000	596,254
62	-0-	777,731	2,000	658,079
63	-0-	855,504	2,000	726,079
64	-0-	941,054	2,000	800,896
65	**-0-**	**1.035.160**	**2.000**	**883.185**

Muchos de ustedes se estarán preguntando "¿Un momento, cómo es eso?" La respuesta es muy sencilla – *el sorprendente poder del tiempo* en la ecuación del interés compuesto. Es algo verdaderamente sorprendente.

Después de analizar este último ejemplo estarán pensando "Genial, ya tengo 43 años y aún no he comenzado a ahorrar para mi futuro. Estoy perdido, no tengo esperanzas."

Espero que no se desanimen, pues nunca es demasiado tarde para comenzar. Si deciden aprovecharse de los principios que este libro presenta y se ponen en una posición que les permita recibir dinero libre de impuestos durante su retiro, les será posible sobre-cargar sus años de retiro al evitar pagar decenas de miles – si no cientos de miles - de dólares en impuestos que pueden entonces ser incorporados a *su* presupuesto en lugar de ir a parar a los cofres sin fondo de la burocracia.

Permítanme hacerles otra pregunta. ¿Si ustedes quisieran tener un robusto roble al frente de su casa cuál sería el mejor momento para plantarlo? Sin duda que hace cien años; sin embargo, si ese árbol nunca hubiera sido plantado ¿cuál sería el mejor momento de hacerlo? Exactamente, ¡hoy mismo!

Este mismo principio aplica en el mundo de las inversiones. ¿Cuál es el mejor momento para comenzar a invertir? El día que nacemos, pero a menos que ustedes hayan sido unos bebés excepcionalmente precoces y superdotados, esto probablemente no sucedió (a menos por supuesto que sus padres o abuelos fuesen lo suficientemente sabios para conocer este principio.) Así es que al igual que con el roble, el mejor momento para comenzar es ya – hoy mismo.

Si tiene tanto sentido comenzar temprano, ¿por qué todo el mundo espera? Porque así es la vida. Cuando tenemos veinte, treinta y hasta cuarenta años la vida no hace más que exigirnos y todo es una emergencia. Es en ese momento, que estamos tratando de establecernos y encontrar nuestro camino. Comenzamos nuestra carrera, nos casamos, tenemos hijos, compramos nuestra primera casa, le cambiamos las llantas a nuestro viejo carro, le arreglamos los dientes a nuestro segundo hijo, le compramos un carro al primero y cientos de cosas más que nos mantienen enfocados en cualquier cosa excepto comenzar a ahorrar para nuestro futuro. Su necesidad de dinero es ahora. La vida es costosa y el ahorro es tan solo un sueño. Es por esto que la mayoría de las personas pospone el comenzar a ahorrar hasta "un día de estos" cuando tengan más dinero. Sin embargo, en la mayoría de los casos ese "día" nunca llega. Las exigencias de la vida siempre aumentan más rápidamente que nuestros ingresos y la única manera de detener ese ciclo ya la presentamos en el segundo paso en el capítulo anterior - ¡Páguense ustedes primero!

Quizás ahora entiendan por qué me tomo el tiempo de llevarlos de la mano a través de estas minas antes de que les hable del poderoso vehículo de inversión que les permitirá construir su fortuna libre de impuestos. Sin esta bien fundada base, sería muy fácil pisar una de estas bombas y encontrarse financieramente atrapados. Sin esta base, los beneficios de esta nueva estrategia no significarán nada, sencillamente los gastarán, desperdiciarán o los asimilarán a su ya abultado presupuesto. Harán cualquier cosa excepto ahorrarlos.

Afortunadamente, a diferencia de los planes de retiro con beneficios impositivos, el programa que yo les presento lo pueden comenzar a *cualquier* edad. Yo los comencé para cada uno de mis cuatro hijos cuando estos tenían menos de un año de edad. A diferencia de la mayoría, sino de todos, los otros vehículos con beneficios impositivos, esta estrategia les permitirá aprovecharse del principio en este capítulo – el tiempo – como ningún otro vehículo en el mercado de inversiones de hoy en día, ya que no hay una edad específica en la que deban dejar de invertir o comenzar a retirar.

Como espero que vean, es más que una formalidad menor en la estrategia para su *Retiro libre de impuestos*; de hecho, constituye la base misma de su verdadero éxito financiero. Si yo les presentara el programa de *Retiro libre de impuestos* sin enseñarles como atravesar cuidadosamente este campo minado de trampas financieras sería como mandar a un batallón de reclutas a la batalla sin un plan. Estarían condenados a una muerte segura, como lo estarían sus finanzas.

25

Espero que para cuando lean estos principios ustedes sientan el mismo entusiasmo que yo. Por favor, resistan la tentación de avanzar sin haberse tomado el tiempo para desarrollar un buen plan – su éxito financiero depende de ello.

5

Mina # 3 – Estar del lado equivocado de la tasa de interés

Permítanme contarles una historia acerca de un señor llamado el Sr Interés[3]. De hecho, ustedes ya conocen a esta persona, pues es su empleado y trabaja para ustedes 24 horas al día. Mientras ustedes duermen, trabajan o están de vacaciones.

Este es el empleado más trabajador que hayan tenido en su vida y trabaja para ustedes. La pregunta es: ¿Para qué lo contrataron? ¿Lo contrataron para que trabaje *para* ustedes? ¿O acaso dedica cada momento del día a trabajar *contra* ustedes?

El interés puede ser como un esclavo de cuyos servicios gratuitos ustedes se benefician, o puede ser un cobrador incansable cuyo único trabajo es cobrarles un salario veinticuatro horas al día, siete días a la semana, 365 días al año.

¿Qué opción prefieren?

En mi campo de trabajo, tengo la oportunidad de trabajar con muchos y muy variados dueños de empresas. Algunos son productivos y otros no. Algunos se presentan como profesionales y otros no. Algunos tienen visión de futuro y otros no. Sin embargo, un denominador común en todos los negocios es que es fundamental contratar empleados buenos y leales, que contribuyan al éxito del negocio.

Emplear al Sr Interés para que trabaje para ustedes es como contratar a una persona para que trabaje para ustedes, produzca dinero, pero no acepte remuneración. Por otra parte, contratar al Sr Interés para que trabaje contra ustedes es como pagarle a un empleado todos los días del año (incluyendo fines de semana y días de fiesta) para que arruine su negocio y les regale todas sus ganancias a la competencia.

Ustedes definitivamente quieren estar del lado bueno del Sr Interés.

Permítanme presentarles este principio en términos concretos. Conozco a una persona, llamémosle John, que soñaba con tener un bote lo suficientemente grande para salir a navegar por una semana o más. Nada extravagante, solo lo suficiente para explorar las aguas alrededor de las Islas San Juan hasta Canadá. Después de muchos años de espera, el día finalmente llegó.

Su entidad de ahorros le informó que no tenía problemas para calificar para un préstamo. Se dedicó a buscar ofertas en periódicos, revistas especializadas, concesionarios y finalmente un día lo encontró. Encontró el bote con el que tenía años soñando, así que hizo lo que cualquier norteamericano con sangre en las venas haría; lo compró, a crédito, por supuesto. El precio total del bote, incluyendo impuestos y licencia fue de aproximadamente 43.000 dólares, un monto más bien modesto en términos de un bote. John sacó un préstamo a 10 años, para mantener los pagos al mínimo, con una tasa de interés del 7,75%. No había duda de que había hecho un buen trato, y estaba consciente de que los recuerdos que construiría con su familia en ese bote valdrían cada centavo. Sin embargo, lo que John no llegó a entender fue que desde el mismo momento en que selló el trato, el Sr Interés comenzó a trabajar e inició su cruzada en contra de John.

El hecho es que las memorias que John construiría con su familia le costarían mucho más de 43.000 dólares. Mucho más. Permítanme que les explique por qué.

El pago que John tenía que hacer por el bote era de unos 520 dólares mensuales. Una vez que le sumaba gastos de amarre, mantenimiento, combustible y seguros, sus pagos mensuales promediaban unos 800 dólares al mes. John sabía de estos montos aún antes de comprar el bote, pero los aceptó gustoso para poder cumplir el sueño de su vida.

Sin embargo, John se había olvidado de sumar a sus pagos los honorarios del Sr Interés. Cuando me senté con John, hice algunos cálculos en su presencia cuyos resultados lo hicieron estremecer. Tomé los $800 mensuales y calculé cuánto tendría que pagar John por el bote de sus sueños en el curso de los siguientes diez años a la tasa de 7.75% de interés. El total fue de $96.813,82. Por lo tanto, este bote de $43.000 le iba a terminar costando un poquito más de lo que él se había imaginado. Los recuerdos familiares aún valían $100.000, se dijo a sí mismo en un esfuerzo por apaciguar su creciente angustia. Sin embargo me vi obligado a señalarle que eso era apenas una fracción de lo que el Sr Interés en realidad le iba a cobrar.

"John, el bote te va a terminar costando $96.813, pero ¿cuánto más habrías acumulado si hubieses guardado ese dinero para tu retiro?"

"No tengo idea" me contestó. Pues bien, armados de una calculadora financiera nos dedicamos a buscar la respuesta.

"¿Cuál piensas que sería una tasa promedio de crecimiento justa sobre tu dinero entre ahora y el momento de tu retiro?"

"No sé. Que tal 12%, o ¿es muy alto? Esta es una cifra que se maneja con frecuencia."

Le explique que 12% era de hecho una cifra bastante agresiva, pero como ilustración nos serviría.

"Muy bien, si pones esos mismos $800 en un vehículo de inversión (con acumulación libre de impuestos) durante los próximos diez años y obtienes un retorno promedio del 12%, llegarías a ahorrar 184.030,95."

"¿Qué?" Me dijo y los ojos parecían a punto de salírsele de sus órbitas.

"John, ¿Cuántos años más planeas seguir trabajando?"

"Pues yo diría que unos 35 más o menos."

"Muy bien, ya calculamos el costo de los primeros diez años, pero si queremos saber cuál es el monto final de lo que te va a costar ese bote, necesitamos calcular el interés compuesto sobre ese monto durante los próximos 25 años. Queremos saber cuánto te cuesta el pago de ese bote en dólares para tu retiro."

"Nunca antes lo había pensado así."

"No te sientas mal, casi nadie lo hace." Le dije tratando de consolarlo. "Entonces, si tomamos los $184.030,95 y proyectamos su crecimiento a lo largo de los próximos 25 años al 12%, sin añadirle ni un centavo más, llegamos a un gran total de $3.641.690,25."

Para ese momento no solo los ojos estaban a punto de salírsele, sino que además el golpe de su quijada contra mi escritorio me hizo pensar en un terremoto.

"No puedes estar hablando en serio. ¿Mis recuerdos familiares que me costarían apenas $43.000 en realidad me están costando más de *3,5 millones de dólares* de ingreso para mi retiro? Yo quiero mucho a mi familia, pero no tenía ni idea de cuánto me estaba costando hacer este sueño realidad."

"Así mismo es." Le dije, dejando que los números hablaran por sí solos.

"¡No termino de aceptar el hecho de que un bote de $43.000 me está costando millones de dólares!"

"Ahora entiendes lo importante que es estar del lado correcto del Sr Interés," le dije.

"Pues si. Si invirtiera el dinero que estoy pagando por el bote, podría fácilmente comprarme el bote en efectivo más adelante, y todavía me quedaría mucho dinero en mi cuenta."

"Ahora si estás entendiendo." Le dije. Pero desafortunadamente aún no había terminado de darle las malas noticias, me faltaba ir un poco más allá. "John, no me gusta ser portador de malas noticias, pero el panorama es aún peor de lo que ya hemos visto."

"¿Cómo es eso posible?" dijo.

Yo quería hacer que John viera un camino aún menos transitado, y mostrarle cómo al retirar su dinero y tener que pagar altos impuestos hacía que estos números fuesen aún peores.

"John, en este momento ¿dónde tienes depositado el dinero que ahorras?"

"Bueno, yo deposito $1.000 mensuales en mi cuenta del 401(k) en el trabajo, pero tengo pensado reducir este monto a $200 para poder pagar por el bote. Yo decidí que mi sueño bien los valía. O por lo menos eso pensaba hasta tener esta conversación."

"Eso quiere decir que si no te estuvieras comprando el bote, ¿continuarías depositando tu dinero en el 401(k)?" Le pregunté.

"Si."

"¿Tú estás consciente de que una vez que comienzas a retirar dinero de esa cuenta, cada centavo es gravable como ingreso?

"Bueno, si, más o menos. La verdad es que nunca pensé en eso. Lo único que sé es que están libres de impuestos hoy en día y eso me gusta."

"Claro que te gusta. A todos nos gusta ahorrarnos algo de dinero en los impuestos. Pero la verdad es que no estás ahorrándote el dinero de los impuestos, lo que estás haciendo es empeorando el problema."

"¿Cómo?"

"Pues en términos sencillos, si esos 3,5 millones de dólares estuvieran en una cuenta a la que tu tuvieras acceso libre de impuestos, ¿cuánto del dinero en esa cuenta sería tuyo?"

"Estoy seguro de que no te debo estar entendiendo, porque para mí es bastante obvio, pero igual yo diría que tres millones y medio."

"No, sin trucos, tienes razón y tu respuesta es la correcta. Tendrías tus tres millones y medio."

Luego le hice la siguiente pregunta. "Si acumularas esa misma cantidad de dinero en tu 401(k) o cualquier otro plan de retiro con beneficios impositivos, ¿cuánto de tu dinero estaría en esa cuenta?"

"Ahora si me estoy empezando a preocupar, pero yo diría que el mismo monto. Tu mismo acabas de decir que tendría ese monto en la cuenta, así es que ¿por qué habría de ser diferente?"

"Tienes razón, en parte," le dije. "Tu estado de cuenta reflejaría tres millones y medio de dólares, pero ¿es ese el monto que realmente tendrías?"

"Obviamente no, por la manera en que lo preguntas, pero no estoy seguro de estar entendiendo."

"Muy bien, ¿quién más tiene intereses en tu cuenta de retiro?"

"Nadie, está a nombre mío solamente."

Me provocaba sonreír cuando le dije, "Eso no es completamente cierto, puesto que cada centavo en tu cuenta está sujeto a impuestos al momento de retirarlo. El servicio de recaudación de impuestos tiene aproximadamente un 30% de interés en tu cuenta. Y eso es si tú estás vivo. Si te mueres el servicio de recaudación de impuestos tiene como un 35% de interés en tu dinero. Es más, como nadie sabe qué pasará con los impuestos en el futuro, esa cifra pudiera ser menor, pero también pudiera ser dramáticamente mayor. Pero supongamos que la tasa de impuestos sea del 30%

sobre tus fondos mientras tu estés con vida, para no arriesgarnos mucho." Ahora si estaba sonriendo abiertamente. "¿Tú sabías que estabas ahorrando dinero para el retiro del gobierno?"

Obviamente, hasta ese momento nadie le había explicado a John lo que le sucedería a su plan de retiro con beneficios impositivos durante la fase de distribución, porque se quedó allí sentado sin decir nada, cayendo en una depresión financiera frente a mis propios ojos. Decidí terminar de decir lo que tenía que decir rápidamente para evitar que se terminara de hundir.

"John, te estoy diciendo todo esto por dos razones. La primera es que muy pocas personas saben esto y pasan sus últimos años sobrecargados de impuestos que no tienen ninguna necesidad de pagar. La buena noticia es que puedo mostrarte cómo hacer las cosas de una manera mejor para que puedas comenzar a ahorrar el 100% de tu cuenta de retiros para tu propio uso sin que el gobierno pueda tocar un solo centavo."

"La segunda razón es mostrarte el poder de esta nueva estrategia. Fíjate, para poder acumular tres millones y medio de dólares de *tu* dinero dentro de un plan con beneficios impositivos tendrías que acumular un total de *cinco millones de dólares.* ¿Por qué? Porque el gobierno quiere su 30%. Sin embargo, si usas una estrategia diferente, entonces podrás quedarte con el valor total de la cuenta y disponer del monto total por ti mismo. Para que te deprimas aún más, ese palacio flotante de fibra de vidrio donde piensas construir tus recuerdos familiares en realidad te está costando entre 3,5 y 5 millones de dólares dependiendo de qué tan sensato seas con tus inversiones."

"Si Patrick tienes razón, lograste deprimirme, pero tengo la sensación de que me voy a recuperar rápidamente." Dijo con una risita mientras agarraba su teléfono. "Lo que si es seguro es que me has abierto los ojos a unas ideas muy interesantes. ¿Cómo es posible que nadie me haya dicho esto antes?"

Una vez más me enfrentaba a una pregunta que tenía una sola respuesta. "John, por extraño que parezca, la única respuesta que se me ocurre cuando me hacen esa pregunta es que la mayoría de los llamados "profesionales" tampoco lo entienden."

No había terminado de decir esto último cuando John había comenzado a marcar el número de su vendedor de botes para pedirle que pusiera a la venta el bote de sus sueños.

Por primera vez en su vida John entendió que el tiempo es literalmente oro, pues es esto lo que permite que el Sr Interés haga su magia.

Antes de finalizar este capítulo, quiero aclarar un par de puntos importantes. Tener un bote no tiene *nada* de malo. El deseo de construir recuerdos con la familia no tiene nada de malo. Es más, comprarse un objeto costoso a crédito no tiene nada de malo. Todo depende de cada uno de ustedes. Pero estén conscientes. Si ustedes no comprenden el poder del Sr Interés, muy probablemente van a hacer algo malo.

El dinero no es lo más importante en la vida. De ninguna manera. Este ejemplo no se propone hacerlos vender todas sus posesiones para acumular dinero para el futuro. El punto de esta historia era más bien ilustrar el increíble poder del interés compuesto, y cuánto les puede costar estar del lado equivocado de nuestro amigo, o enemigo, el Sr Interés.

6

Mina # 4 El deseo de satisfacción instantánea

En nuestro país, la espera es algo repulsivo, si no piensen en lo que ha sucedido a nuestra sociedad durante los últimos 20 años. Pensemos en los bancos, por ejemplo. Un primer paso fue construir una ventanilla de atención desde el auto para que los clientes no tuvieran que bajarse y caminar hasta la sucursal. Obviamente eso no fue suficiente, así que a lo anterior le siguieron los cajeros automáticos para hacer que el servicio fuera aún más rápido. Sin embargo estos últimos también deben haber sido inconvenientes, pues al poco tiempo les siguieron los cajeros automáticos que se podían acceder desde el auto. Pues como si todo esto fuera poco, los bancos ahora ofrecen lo último en eficiencia, y le permiten a sus clientes realizar todas sus transacciones a través del teléfono o de la internet a cualquier hora del día y durante cualquier día de la semana.

Sin embargo los bancos son tan solo un ejemplo. Pensemos en todas las otras revoluciones que han surgido en el campo de la satisfacción instantánea. Una agradable comida sentados en un restaurante se ha convertido en una grasienta hamburguesa que compramos por la ventanilla de nuestro coche. Si a alguien se le ocurre pasar por la caja expresa con más de cinco artículos, estamos listos para atacarlo. Si queremos ir de compras, todo lo que necesitamos es mirar el catálogo o incluso la televisión.

Los norteamericanos odiamos cualquier cosa que nos interrumpa nuestra frenética búsqueda. Odiamos las colas, el tráfico y sobre todo odiamos pagar en efectivo.

El efectivo representa un dinero para gastos que de hecho poseemos. Y el concepto de gastar tan solo aquello que ganamos se considera prehistórico. Tenemos préstamos para la vivienda, para los coches, para los negocios, para comprar un bote y hasta para las tarjetas de crédito. Entonces, cuando nuestro nivel de préstamos ya no puede más, ¡sacamos otro préstamo para pagar los préstamos! Usamos nuestra Máster Card® para pagar nuestra Visa®. Si no podemos pagarlo, lo compramos a crédito. La idea de pagar por algo con dinero en efectivo pertenece al pasado – sin embargo, no tiene porque ser así.

Recientemente escuché en la radio que las compañías de tarjetas de crédito envían por correo *2,500 millones* de aplicaciones cada año, es decir, un promedio de veinticinco aplicaciones por cada hombre, mujer y niño en Norteamérica; peor aún, lo más probable es que esto haya sido hace cinco años. No puedo ni imaginarme cuál será el número hoy en día. Si tomamos en cuenta que hay muchas personas en nuestro país que jamás reciben una de estas aplicaciones, eso significa que algunas personas, (como ustedes y yo) reciben más de cien de estas molestas aplicaciones cada año.** El mundo financiero no sólo ha posibilitado que los norteamericanos incrementen su nivel de deuda, de hecho lo espera. ¿Cómo puede alguien que desea tener cada vez más y más rechazar una oferta de dinero "gratis" más de cien veces al año? La respuesta es muy simple. No pueden.

Inmediatamente después de escuchar esta estadística, decidí hacer un pequeño experimento. En vez de botar todas las ofertas de tarjetas de crédito que recibía por correo, decidí guardarlas para ver cuánto crédito podía acumular si quisiera. Mi idea era hacerlo por un año entero, pero no pude. Tuve que renunciar. Nada más el volumen era ridículo, tuve que asignar una gaveta completa del archivo para poder contener todas las ofertas de tarjetas de crédito. En promedio recibía unas cuatro ofertas por semana y cada una me ofrecía $10,000 o más. (Esto sin contar con las múltiples ofertas que recibía cada mes por $100.000 si sacaba un préstamo sobre el capital de mi vivienda.)

Si hacemos algunos cálculos básicos con esos números, que son más bien conservadores, el resultado sería una cantidad sustancialmente superior a los dos millones de dólares en ofertas de tarjetas de crédito. ¿Cómo es esto posible? La verdad es que no sé cuántas de estas tarjetas le serían aprobadas a una sola persona, pero es probable que el norteamericano promedio pudiera tener decenas y hasta cientos de miles de dólares en crédito en un período de apenas doce meses. Esta es una gran tentación para alguien sin suficiente fibra moral. Esta persona estaría en la capacidad de dar la fiesta del siglo, vivir como millonario por años, viajar por el mundo entero, comprar los juguetes más costosos y justo antes de que el reloj diera la campanada de la medianoche que transformaría la carroza de Cenicienta en una calabaza, esta persona podría gastar $500 en contratar los servicios de un abogado, declararse en bancarrota y empezar de nuevo. Sin consecuencias. Apenas un saludo a la bandera y una mala calificación de crédito por siete años. Si creen que estoy inventando, piénsenlo mejor, pues hay gente que hace esto todos los días, a diferentes niveles, sin sentir el menor remordimiento o responsabilidad.

¿Puede sorprendernos entonces que haya tantas personas con problemas financieros? La mayoría está hasta el cuello en deudas de consumo, sin garantías. Sin embargo la gran pregunta es: ¿Por qué? A nadie le gusta vivir endeudado. A nadie le gusta deberle a la tarjeta de crédito. ¿Entonces, por qué lo hacen? La respuesta es muy sencilla, a nadie le gusta esperar. El lema de nuestra época es "Lo quiero y lo quiero ya." Esperar para comprarse algo es sólo para impedidos financieros que ni siquiera pueden tener una tarjeta de crédito.

No obstante, lo que estas personas ignoran, es que sin saberlo, tienen el pie sobre un peligroso explosivo. El deseo de satisfacción instantánea es una mina financiera letal que no discrimina a sus víctimas. Sus efectos pueden ser devastadores o incluso letales.

¿Cómo evitar entonces a este temible enemigo? Pues muy sencillo, ¡*Piensen antes de gastar*! Y *tan solo* gasten el dinero que ya tienen en sus cuentas bancarias, y *no* lo que tienen en su límite de crédito.

¿Acaso esto significa que no deben comprar su hogar a crédito? No. ¿Significa que no deben financiar su carro nuevo? No. Sin embargo es mi deber advertirles en contra de los préstamos para comprar vehículos y otras deudas de consumo. Tengan mucho cuidado pues este tipo de deuda es una mina financiera muy peligrosa y no se debe tomar a la ligera.

La deuda es el renglón presupuestario que consume la mayor parte de los ahorros de la gente. Es como un ancla financiera amarrada a sus tobillos. La gente se ve incapaz de ahorrar pues se han convertido en esclavos de la deuda que han creado ellos mismos en su pasión por comprar cosas, ya, hoy mismo. Este estilo de vida no solo tiene un efecto negativo sobre el futuro de sus ahorros, tiene también un efecto devastador sobre la posibilidad de mantener un buen espíritu financiero. Este tipo de persona siempre llega tarde y sin dinero, pues siempre tiene que pagar por las compras que hizo ayer, en vez de ahorrar para las necesidades del mañana.

¡Tengan mucho cuidado con este tipo de planificación a la inversa! No obstante, si este mensaje les ha llegado un poquito tarde y ya están enterrados en deudas, les recomiendo que hagan algo muy antinorteamericano. Si ya están listos, les recomiendo que sigan las siguientes instrucciones:

1. En este mismo momento busquen un par de tijeras.
2. Saquen todas las tarjetas de crédito – si todas – de su cartera o billetera.
3. Piquen en pedacitos todos esos pedazos de plástico.
4. Al finalizar, pónganse de pie y salgan gritando "¡No más deuda! ¡No más deuda! ¡No más deuda!"
5. Disfruten de la inesperada sensación de libertad que les embarga.

Está bien, quizás los pasos 4 y 5 sean un poco exagerados, pero los tres primeros se los digo con toda seriedad. Si hacen esto, ayudarán a asegurar que no incurren más deuda, sin embargo, esto no los ayudará a remediar las malas decisiones del pasado. Pero no se desesperen. Al poco tiempo se darán cuenta de que si tan solo gastan el dinero que producen, ya no seguirán cavando el profundo foso de la deuda, lo que les permitirá asignar más dinero cada mes para pagar los préstamos que ya tienen o incluso ahorrar para su futuro.

A medida que se esfuerzan por controlar su gasto - ¡Piensen! Pregúntense si en realidad necesitan aquello que desean o si es tan solo un capricho pasajero, pues son estos últimos los que siempre terminan acumulando polvo en el garaje.

Un autor financiero más conservador lleva esta idea aún más allá y sugiere a las personas que escriban una "lista de antojos" para cosas costosas. Ustedes deciden qué significa costoso. Para algunas personas puede ser algo de $50 y para otras algo que cuesta $500. Esta lista de antojos es muy corta, pues tan sólo puede tener *una* cosa a la vez y esa cosa debe estar en la lista durante 90 días antes de hacer la compra. Lo que suele suceder, según él, es que en algún momento durante este período de 90 días va y encuentra otra cosa que se le antoja más que la que tenía en su lista, y reemplaza una por otra. Pero una vez que lo hace, la cuenta de los 90 días comienza de nuevo y es precisamente esto lo que lo ha protegido de hacer muchas compras tanto innecesarias como indeseadas.[4]

Algo similar pudiera funcionar para el resto de nosotros, manteniendo los siguientes principios:

- Gasten menos de los ganan.
- No hagan compras impulsivas.
- Resistan al deseo de satisfacción instantánea.

**Recientemente me enteré de la existencia de un sitio web _optoutprescreen.com_ que le permite quitar su nombre de la lista para recibir ofertas de crédito precalificadas por correo. Es bastante sencillo, toma menos de un minuto completarlo y supuestamente brinda la posibilidad de aumentar su calificación de crédito.

7

Mina #5 – Seguir a las masas

En el libro de J. D. Salinger, *El cazador oculto* (The Catcher in the Rye en inglés), el personaje central, Holden Caulfield, tiene un sueño en el que unos niños corren por un campo sembrado de centeno, pero sin ellos saberlo, se dirigen directo hacia un mortal acantilado que los espera al final del campo.

Esta escena es comparable al clima del mundo de las inversiones de hoy en día. La persona promedio que ahorra para su retiro corre atravesando un campo cubierto de planes de retiro con calificación de impuestos sin tener conciencia de lo que yace más allá. Corren sin preocupaciones, disfrutando de la belleza del día, contentos de vivir la vida tal y como la conocen. Sin embargo, todo está a punto de cambiar. El placer de las deducciones de los impuestos de hoy, pronto se materializará como la pesadilla fiscal del mañana, y los días de sol que disfrutan hoy, muy pronto se ensombrecerán con las nubes de la tormenta de las cargas impositivas del mañana. Todo está a punto de cambiar y la gente no lo sabe.

¿Por qué no debemos seguir a las masas? Lo voy a explicar de manera sencilla. Por lo general, *las masas se equivocan*. Para ponerles un ejemplo, veamos la historia del mercado de valores. Si examinamos los hechos históricos, ¿Qué es lo que siempre han hecho las masas? Exactamente lo opuesto de lo que deberían haber hecho. Compran cuando deberían vender y venden cuando deberían comprar. Las masas actúan por instinto, sin embargo la mayoría de los mercados financieros no actúan así. Estos últimos requieren una especie de instinto a la inversa, uno que corre contrario a nuestra naturaleza.

La pregunta es ¿y quiénes son esta masa? Todos los conocemos. Soy yo, y ustedes y el vecino de al lado, el compañero de trabajo, el que juega en nuestro grupo de golf o la persona con quien nos turnamos para hacer el transporte. Si observamos la historia del mercado de valores, por naturaleza, todos nos equivocamos. Y las razones por las que nos equivocamos son básicamente dos – por miedo y avaricia. A estos dos instintos los ayuda nuestro deseo innato de ser exactamente iguales a los demás. Queremos gustarles a los demás y lo último que nos interesa es sobresalir. El punto es que queremos ser iguales a todo el mundo, sin embargo este es un ciclo que debemos romper si aspiramos a alcanzar las grandes posibilidades que se nos ofrecen.

La mayoría de las personas que ahorran para su retiro deben repasar sus clases del jardín de infancia y prestar atención cuando sus maestros les dicen que solo porque Juanito se comió la pega no significa que los demás deben comérsela también.

Hay ocasiones en que es mejor *no* seguir el ejemplo de los demás. El jardín de infancia es una de estas y ahorrar en planes de retiro con calificación de impuestos patrocinados por el gobierno es otra.

En este libro, *Retiro libre de impuestos*, deseo abrirles los ojos al hecho de que ustedes ya no tiene que seguir a las masas ciegamente por el sólo hecho de que este es el único camino que atraviesa el campo de centeno. Mi deseo es que todo el mundo sepa que *si existe* una alternativa de inversión que excede con mucho los beneficios de los planes de inversión con calificación de impuestos que existen hoy en día. Este hecho se ha mantenido en secreto durante demasiado tiempo y alguien debería disculparse con todos ustedes por haberles privado del conocimiento que muy pocos privilegiados han utilizado durante décadas.

Antes de que continúen en su loca carrera a ciegas, deténganse y evalúen su situación. Estudien los siguientes capítulos de este libro y luego decidan por ustedes mismos qué es los mejor para su futuro financiero. Ya no desperdicien más su dinero siguiendo a las masas, ustedes no tienen por qué pagar las consecuencias de su ignorancia.

8

Mina #6 – El factor inercia

Permítanme hacerles una advertencia: yo he visto esto suceder muchas veces y es muy probable que les suceda a ustedes mientras leen este libro. Mientras leen, van a atravesar por lo que yo llamo el ciclo del descubrimiento. Hacia el final de este ciclo de descubrimiento se van a enfrentar a una gran tentación, la tentación de *no hacer nada*, de leer este libro y luego dejarlo a un lado sin permitirse cambiar de ninguna manera. Aunque no nos gusta admitirlo, con frecuencia es más fácil para nosotros hacer lo que ya conocemos de lo que es probar algo nuevo, incluso si lo nuevo es más productivo.

Si adiviné correctamente, en este momento se sienten emocionados acerca de su futuro financiero y deberían estarlo ¿por qué no? La información que están a punto de leer es emocionante, pero si no logran superar el *factor inercia* nada va a cambiar.

Aún puedo recordar lo que aprendí sobre la inercia en la clase de física de la secundaria. En términos sencillos, es la energía necesaria para poner un objeto en movimiento. Si lo piensan bien, todos nosotros tenemos un punto de inercia. ¿Por qué nos levantamos de la cama y vamos al trabajo cada mañana? Porque necesitamos ganar dinero para comprar comida, tener un techo y disfrutar de todas las cosas que nuestro sueldo nos permita. Por lo tanto, podemos concluir que el deseo de tener estas cosas nos da suficiente inercia para levantarnos cada mañana y mantener un empleo en lugar de quedarnos en casa como zombis frente al televisor.

Todo lo que hacemos está relacionado al factor inercia. Nuestras inversiones no son diferentes de todas las otras cosas que hacemos. Ustedes pueden leer este libro y sentirse llenos de energía para hacer los cambios, pero a menos de que esa energía se traduzca en hechos, la emoción no va a ser más que un desperdicio pues no les va a producir ningún beneficio.

Sin embargo, permítanme asegurarles que hay muchos adictos s las buenas ideas que se emocionan cada vez que se cruzan con una idea nueva. No tienen por qué ponerla en práctica, les basta con saber que existe. No sean ustedes como estos adictos a las ideas. Traten de encontrar algo que funciona y enfoquen su energía en eso. En vez de tratar de repartir sus huevos en diferentes canastas, como se nos ha recomendado con anterioridad, quizás les convenga más dejarlos todos en una sola canasta y observarla con muchísima atención. El punto es que la diversificación de nuestras inversiones tiene sentido, pero la diversificación de nuestras energías no. No podemos esperar ser unos expertos en todo y obtener resultados excepcionales.

Decidí incluir en el libro esta mina financiera en apariencia inofensiva pues las estrategias que van a aprender en los siguientes capítulos requieren acción de su parte, acciones pequeñas, pero indispensables. Existen muy pocas estrategias de ahorro que sean más fáciles de comenzar y mantener que las que les voy a presentar a continuación. De hecho, si se hace correctamente, ustedes no deberían de tener que dedicar el menor tiempo a su administración. Dicho esto, aún será necesario realizar el esfuerzo inicial, pues esto le puede representar un ahorro de cientos de miles de dólares en impuestos en el futuro.

Les voy a pedir que resistan la tentación de rechazar lo que es nuevo o diferente. Tengan la disposición de actuar al descubrir una oportunidad tan fantástica como la que les presento a continuación y no dejen que el *factor inercia* los lleve de vuelta a hacer las mismas cosas de la misma manera en que siempre lo han hecho.

Con seguridad han escuchado decir que si siempre hacen las mismas cosas de la misma manera, siempre obtendrán los mismos resultados.

Es cierto.

Espero que este libro les sirva para iniciar las acciones que los llevarán por el largo camino del éxito en los ahorros.

9

Mina # 7 – El deseo de hacerse rico rápido

No puedo dejar de preguntarme cuántas fortunas se han perdido y cuántas familias se han arruinado como consecuencia de ese deseo impulsado por la avaricia de hacerse rico rápido. Esta mentalidad ha alcanzado proporciones epidémicas, y la evidencia está por todas partes, en los comerciales de la televisión, en las miles de ofertas de programas de mercadeo de múltiples niveles, en los millones de boletos de lotería que se venden todas las semanas y en las interminables ofertas que aparecen en mi buzón de correos para tentarme con incontables garantías de que con ellas puedo construir mi fortuna en los próximos tres a seis meses.

Recientemente pudimos experimentar una etapa en la que las opciones sobre acciones crearon una nueva clase de millonarios; individuos que se retiraban en cinco años o menos, sin más mérito que el haber trabajado para la compañía correcta en el momento preciso. Estos millonarios instantáneos hicieron que el resto de la sociedad se sintiera ignorada, por lo tanto muchas personas comenzaron a buscar los medios para ser igual al vecino millonario.

Hay personas para quienes vivir se ha convertido en una especie de deporte, lo máximo en competencias. Hay otros que viven siguiendo la filosofía de que el que acumule más bienes, gana.

La gente compra boletos de lotería por centenares, cruzan los dedos y lanzan los dados en Las Vegas, juegan a las carreras de caballos, siguen los consejos de la bolsa de los mal llamados expertos financieros, compran acciones de una granja de avestruces en Oregón y otra de alpaca en Washington y arriesgan su dinero en mercados financieros que absolutamente desconocen, cualquier cosa en su empeño de ganar dinero rápido.

Permítanme asegurarles, algo, excepto por un pequeño número de personas, es más, un número *muy* pequeño de personas, que son tanto afortunadas como buenas, estos métodos garantizan una sola cosa – un camino seguro a la ruina.

¿Cómo protegerse y evitar caer en las garras de estas tácticas que los bombardean desde todos los ángulos? (Y tengan la certeza de que algunas de estas ofertas van a ser tan tentadoras que serán muy difíciles de resistir). A continuación les presento dos sencillos principios que pueden seguir.

Inviertan en lo que conocen

Resulta muy tentador descubrir una nueva oportunidad y suponer que ofrece una pequeña fortuna que está a nuestra disposición y lo normal es pensar *mejor lo aprovecho yo antes de que venga otro*. El problema radica en que cada oportunidad viene con reglas diferentes. Muchísimas personas, en un esfuerzo por ignorar la forma natural de hacer fortuna, parten en la búsqueda de este tesoro sin darse cuenta de que no tienen idea de lo que están haciendo. Tiran su dinero con la esperanza de que produzca grandes dividendos, como un jugador novato que espera que la suerte le mande la carta ganadora.

Eviten estas tentaciones de hacerse ricos rápido y sin esfuerzo. Inviertan su dinero en proyectos en los que puedan confiar, que sean fáciles de entender, en cosas que tienen muchos años de respaldo y que le son familiares. Más importante, no confíen en nadie que les prometa "ganancias seguras." Es posible que en ocasiones tengan suerte, pero a la larga probablemente pierdan más de lo que ganan.

Para cuando terminen de leer este libro, podrán entender que la estrategia de retiro libre de impuestos se adapta a esta idea perfectamente. Es un método probado y comprobado que es fácil de llevar a cabo y está a la disposición de cualquier persona que lo necesite, mes tras mes, año tras año.

Recuerden – La tortuga le ganó a la liebre

Ya lo dije anteriormente en este libro y lo voy a repetir – despacio se llega lejos. ¿Se acuerdan de la tortuga en el cuento de La tortuga y la liebre? La liebre salió disparada, ganándole a la tortuga desde el mismo comienzo de la carrera; se sentía tan segura de sí misma que se paró a descansar varias veces a lo largo del camino, lo que la distrajo de la meta final.

En contraste, la tortuga estaba consciente de sus limitaciones, y para compensar, se mantuvo en la carrera, hora tras hora, sin parar, siempre con destino a la meta que la esperaba al final y por supuesto, su persistencia le dio el triunfo. La tortuga ganó la carrera, pero lo interesante es que no ganó por ser la más veloz, ganó porque su disciplina personal la mantuvo enfocada en la meta y no se distrajo con todas las tentaciones a lo largo del camino. En pocas palabras, siguió su camino sin detenerse.

En mi opinión esta historia es muy representativa en el área de las inversiones personales. Si siguen el plan delineado en los capítulos anteriores, así como en los próximos capítulos, lo único que necesitan es mantenerse en este rumbo hacia la meta. No se dejen distraer con ofertas que son demasiado buenas para ser verdad. La mayoría de las veces no son más que eso, demasiado buenas para ser verdad.

Dedíquense a crear un plan que sea sencillo y alcanzable y luego sigan su propio plan. Dejen que sean los demás los que botan su dinero, mientras que ustedes dejan que el suyo trabaje con diligencia para aumentar su riqueza a largo plazo.

10

Mina # 8 – La falta de generosidad

Un año después de haberme graduado de la universidad aprendí una valiosa lección. Aún recuerdo claramente la mañana del sábado en que recibí la llamada y probablemente la recuerdo con claridad por haber sido la primera llamada de ese tipo que recibí durante mis años post-universitarios de soltería. La llamada no fue nada especial, era una llamada para ofrecerme un servicio. Estoy seguro de que mi nombre fue elegido al azar de un directorio telefónico, pero esto lo ignoraba yo en ese momento.

No recuerdo el nombre de la persona que me llamó, pero se trataba de una planificadora financiera que trabajaba para una gran compañía con oficinas en Seattle. Me llamó para preguntarme si estaba interesado en venir a su oficina para un análisis financiero gratuito.

Como no quería desperdiciar su tiempo, me pareció necesario darle a conocer mi magra situación financiera. Me acababa de graduar de la universidad y estaba trabajando como pastor juvenil en una iglesia local por un sueldo anual de $15,000. El dinero apenas me alcanzaba para vivir, y con toda seguridad no era suficiente para estar haciendo planes.

En retrospectiva, la escena es más bien cómica. Estoy seguro que se trataba de alguien nuevo en el trabajo que tenía que llenar su cuota de trabajo. Allí estaba yo, con un ingreso tan bajo que probablemente estaba por debajo del índice de pobreza, pero ella no se dejó intimidar. Sin importar cuántas veces le dijera que yo no tenía dinero suficiente para hacer planes, ella me aseguraba que esa era precisamente la razón por la que debíamos reunirnos. Finalmente sucumbí, probablemente por ingenuidad. Por alguna razón yo pensaba que era uno de los pocos privilegiados que había recibido una invitación como esa, además eso me daba la oportunidad de conocer el distrito financiero de Seattle, pues nunca había estado allí, así que decidí ir.

Nuestra reunión fue más bien corta. Llené un cuestionario financiero y respondí muchas otras preguntas mientras ella tomaba notas de mis respuestas. A medida que se agotaban las preguntas, creo que ella comenzó a entender que ni aún con todas las ideas creativas de este mundo podría ella lograr algo de la nada. En ese entonces no tenía mayores necesidades, pero tampoco tenía dinero para invertir. Se me quedó mirando y me dijo, "creo que tenías razón, no tengo como ayudarte."

Recuerdo haberme reído y haberme sentido un poco tonto, pero tuve que recordarme a mí mismo que había sido por insistencia de ella que estábamos allí. Sin embargo, antes de marcharme me hizo un par de comentarios, y fueron estos comentarios los que me proveyeron de valiosa información.

Me dijo, "De verdad que tienes un buen control sobre tus finanzas. No tienes deudas y puedes presupuestar el dinero que ganas para cubrir todos tus gastos mensuales. También pude notar que das el diez por ciento de tus ingresos a obras de caridad. En mi experiencia, las personas que normalmente donan un monto fijo de sus ingresos a obras de caridad son los mejores ahorradores y gerentes de su propio dinero."

"Qué interesante. ¿Y eso por qué será?" Pregunté.

"En realidad no estoy segura, pero creo que debe ser porque tienen un plan activo para sus finanzas. Están conscientes de cuánto ganan y de a dónde va su dinero. En general, estas personas parecen ser los gerentes financieros más exitosos que conozco."

"Gracias por la información." Le dije. "Si alguna vez necesito sus servicios, con seguridad la llamaré."

Nos despedidos amigablemente y me fui, sin saber que esa sencilla conversación con la que finalizamos nuestra entrevista se quedaría conmigo por muchos años y terminaría en este libro.

Creo que ella tenía razón, pues durante mis quince años ayudando a mis clientes con sus decisiones monetarias este hecho ha sido probado y comprobado. Aquellas personas que son generosas con su dinero y que disfrutan de compartirlo con frecuencia disfrutan de abundancia. La Biblia confirma este principio cuando dice, "Recuerda: quien siembra con frugalidad, cosecha con frugalidad, y quien siembra con generosidad, cosecha con generosidad." Piensen en esto y verán que es verdad. Si le sonreímos a alguien mientras vamos por la calle, generalmente nos sonríen de vuelta. Si le decimos un cumplido a alguien, generalmente nos dan una respuesta igualmente positiva. De la misma manera, si le gritamos a alguien llenos de rabia, generalmente nos gritan de vuelta. En realidad, cosechamos lo que sembramos. Recibimos lo que damos.

Desde un punto de vista financiero, esto no significa que vamos a recibir un determinado número de dólares por cada dólar que donamos; sin embargo, por alguna razón la gente que dona parte de sus ingresos y vive con el 90% o menos restante termina por hacer más con ese 90% de lo que otras personas hacen con el

100%. Usan el resto de su dinero con más sensatez, y generalmente ven con más claridad el valor de ahorrar para el futuro.

Muchas personas han tratado de cortar camino atesorando todo su dinero, y su falta de visión les ha costado.

Si ustedes se identifican con estas personas, les recomiendo que examinen sus circunstancias y re-evalúen la alegría que representa poder compartir parte de sus ingresos con su iglesia o con aquellos que más lo necesitan – niños sin hogar, adultos sin comida, gente sin esperanzas.

Si donan parte de sus ingresos, no sólo podrán manejar mejor sus finanzas, sino que les garantizo recibirán recompensas que el dinero no puede comprar – un sentido de satisfacción verdadera, una alegría que perdura, y una sensación de bienestar que permanece aún cuando el dinero ya se haya olvidado.

Tanto por el bienestar de los demás como por su propio bienestar financiero, quiero animarles a que comiencen a donar parte de sus ingresos. Si están casados, discútanlo con su cónyuge, y decidan qué destino dar a parte su dinero. Si tienen niños y estos tienen la edad suficiente, inclúyanlos en la discusión y la decisión. ¿Qué mejor manera de pasar a sus hijos un espíritu de generosidad que incluirlos en este proceso de decisión?

Mientras discuten estos temas, es también un buen momento para decidir sus planes de ahorro y contribución. Para subrayar el punto, mientras más capaces sean de donar parte de sus recursos, más capaces serán de ahorrar parte de sus recursos. ¡Esta es verdaderamente una situación en la que todo el mundo gana!

11

Mina #9 – Actuar como si el futuro nunca llegará

Esta mina financiera es muy singular. Se trata en realidad del lugar en que los ocho capítulos previos llegan a un punto de reunión. Es la pega que los mantiene juntos.

¿Se acuerdan cuando eran niños lo que se sentía la víspera de la navidad? Apenas había transcurrido el día de acción de gracias y ya comenzaban a preguntarse, ¿Cuándo viene Santa Claus? Ese mes entre el día de acción de gracias y la navidad parecía una eternidad a los ojos de un niño. Sin embargo, siempre llegaba y cuando lo hacía parecía que fue apenas ayer que estaba toda la familia comiendo pavo y viendo el desfile de acción de gracias. La perspectiva cuando esperamos algo siempre parece más larga que cuando vemos hacia atrás.

Y este será el caso también del retiro.

Todos esos años de trabajo, toda la espera, todos esos días en que el retiro parecía ser algo que les pasaba a los demás en sus sueños. Sin embargo sin darnos cuenta, nuestra hora también va a llegar y cuando lo haga, mirarán hacia atrás y dirán "¡Cómo pasa el tiempo!"

No hay mucha diferencia entre nosotros y nuestros niños. Cuando miramos hacia el futuro nos parece que jamás llegará. Intelectualmente creemos que llegará, pero sólo nuestras acciones demuestran lo que verdaderamente creemos. Es más, según todos los estudios más recientes que he leído, las acciones del norteamericano promedio con respecto a ahorrar para el retiro son anémicas, cuando mucho.

Durante el siglo XIX vivió un artista de la cuerda floja llamado Charles Blondin. Sin lugar a dudas, fue el funámbulo más grande que existió. Su sed de trucos peligrosos no tenía fin. En 1859 a la edad de 35 años, se convirtió en la primera persona en cruzar las cataratas del Niágara sobre una cuerda floja de 1.100 pies de largo, a una altura de 160 pies sobre el agua. Sin embargo, esta hazaña no fue suficiente; la historia narra que Blondin repitió este truco varias veces, siempre con algún elemento adicional, con los ojos vendados, en un saco, caminando sobre zancos, llevando a otro hombre a sus espaldas y sentándose a la mitad para cocinar y comerse una omelette.

Iba y venía sorprendiendo al público con su pericia. Todos estaban sorprendidos. Realizaba cada cruce sin un sólo error. Un día, a medida que llegaba la multitud, se bajó de la cuerda, agarró una carretilla vacía y volvió a subirse a la cuerda. Una vez más procedió a sorprender a la multitud llevando la carretilla de ida y vuelta a gran altura sobre las rugientes aguas.

Una vez de vuelta entre la multitud, se bajó de la cuerda una segunda vez, se quedó mirando al público y preguntó "¿Quién cree que puedo cruzar esta cuerda floja con una carretilla?" Todos levantaron la mano, pues lo acababan de ver realizar esta misma hazaña.

Mientras todos seguían con las manos levantadas, señaló a un joven en la primera fila y le dijo "Por favor señor, móntese en la carretilla."

Inmediatamente todo el mundo bajó sus manos, incluyendo al joven en cuestión, mientras se alejaba entre la multitud, hasta lograr escapar.

El problema era el siguiente, la convicción del joven era puramente intelectual; de no ser así, se hubiera montado en la carretilla de Blondin.

Como pueden ver, *la verdadera convicción requiere de acción.* Es la acción la que le da a la convicción su poder. Este es el caso en todas las áreas de nuestra vida. A pesar de esto, las creencias de la mayoría de las personas nunca se asoman más allá de la seguridad del campo de lo intelectual, pues éste no requiere de compromiso o acción.

La razón por la que les cuento esta historia es que se asemeja mucho a las acciones que la gente toma con respecto a su retiro. Intelectualmente, planean retirarse, hasta el punto de que algunas personas incluso tienen la fecha ya marcada en su calendario mental, pero en algún punto del camino el plan no llega a convertirse en acción. Cada año la fecha de retiro se acerca más, pero son incapaces de comenzar a ahorrar el dinero que van a necesitar pues siempre tienen alguna emergencia que atender y que no les permite aceptar esta realidad.

Tenemos la tendencia a olvidarnos del futuro. Siempre pensamos que está muy lejos, tal y como pensábamos acerca de la navidad cuando éramos niños. Sin embargo, de la misma manera, llegará antes de que nos demos cuenta y una vez que lo haga, si no comenzamos a ahorrar, el único plan del que tendremos que preocuparnos será a dónde vamos a trabajar hasta el día de nuestro viaje a la morada final.

No caigan en la trampa de creer que aún queda mucho tiempo antes de tener que actuar. Comiencen ya. El tiempo va a pasar más rápido de lo que piensan.

* * *

A medida que concluyo esta sección del libro, quiero señalar otro asunto que es de la mayor importancia y me parece que éste sea el capítulo apropiado para este fin. Quiero aclarar brevemente el tema del retiro para que no parezca que estoy incluyendo a todo el mundo bajo el mismo techo.

Este libro pareciera basarse en una suposición – que ustedes planean retirarse. No obstante, para muchos éste pudiera no ser el caso. Conozco a muchas personas que piensan trabajar mientras su salud se los permita o incluso hasta su muerte. Para muchos la idea de estar sin oficio les resulta insoportable. Yo, personalmente soy uno de estos individuos.

Sin embargo, permítanme aprovechar la oportunidad para ampliar su idea del retiro. Verán, yo planeo dejar de trabajar para ganarme la vida, pero jamás dejaré de trabajar para contribuir con la sociedad. Para muchas personas el retiro representa un merecido descanso luego de muchos años de ingrato trabajo, un tiempo para hacer lo que quieran luego de años de esclavitud. La idea no es mala, pero no es suficiente para mí. Quiero dedicar el resto de mi vida a hacer lo que más me gusta hacer ahora – y no tener que esperar hasta alguna fecha futura que ni siquiera sé si llegará. Puesto de manera sencillo, el retiro me permitirá ir en pos de mis sueños con mayor libertad. Será una oportunidad de entregarme a lo que amo sin tener que preocuparme por tener un ingreso. El retiro debe ser un tiempo de liberación, un tiempo de búsqueda de nuestras virtudes y pasiones con un nuevo sentido de independencia, que nos permite compartir nuestra sabiduría y disponibilidad con aquellos que más lo necesitan.

Cuando escuchan la palabra retiro, ¿Qué es lo primero que les viene a la mente? ¿Es acaso un octogenario de pelo blanco, con el cuerpo cansado luego de años de trabajo, o un individuo de espíritu juvenil lleno de deseos de vivir que apenas está por alcanzar los mejores años de su vida? ¿Dónde está escrito que la gente se tiene que retirar a los 65 años? Si ustedes pueden evitar estas nueve minas financieras e ir en pos de las fantásticas oportunidades que les esperan en los siguientes capítulos, quizás descubran que tienen la opción de retirarse mucho antes de que imaginaron.

Yo no conozco su situación personal ni sus deseos. Lo que sí sé es que lo más sensato es colocarse en una posición tal que al llegar a ese punto en sus vidas, ya sea en diez o cuarenta años, tengan diferentes opciones y que estas opciones sean las que ustedes quieran y no las que les toquen como resultado de la falta de planificación.

Parte III: Las trampas ocultas del retiro

12

Una historia acerca de Bill

Quiero contarles una historia acerca de Bill. Bill es un personaje ficticio de treinta y seis años que trabaja como gerente para una gran corporación. Sin embargo, la ocupación de Bill es irrelevante, pues si fuera un médico, un comerciante, un abogado, un granjero, un maestro o un empleado de cualquier otra compañía, los números serían un poquito diferentes pero la historia sería la misma.

En este momento Bill gana $150.000 al año. Esta es la única compañía para la que ha trabajado desde que se graduó de la universidad (con honores, por cierto) y durante los catorce años que ha estado con esta compañía ha ido ascendiendo gracias a sus esfuerzos y duro trabajo. Siempre llega temprano y con frecuencia es el último en irse. Es un hombre de la compañía a quien todos respetan y tanto sus subordinados como sus superiores con frecuencia solicitan su consejo.

Bill tiene 9 años de casado con Marcy y juntos tienen tres niños pequeños, Lori de seis, Billy de cuatro y Scott de un año. Bill ama a sus niños, y aunque no les dedica tanto tiempo como quisiera, quiere brindarles lo mejor y ayudarles de cualquier manera que sea necesaria, incluso financieramente. Su esperanza es que sus hijos estudien mucho, vayan a la universidad (que él planea pagar, tal y como su padre lo hizo por él) y encuentren un trabajo sólido con una gran compañía, tal y como él tuvo la suerte de encontrar. En secreto, Bill sueña que uno o que todos sus hijos sigan sus pasos y trabajen para su misma compañía.

La compañía para la que trabaja tiene un maravilloso programa de ahorro para retiro 401(k) al que Bill ha contribuido con religiosidad desde que comenzó a trabajar con ellos. Cuando recién comenzaba a trabajar para esta compañía escuchó una presentación de un profesional de las finanzas que recomendaba invertir en el 401 (k) de la compañía por tres razones.

Primero, el presentador les hizo saber que la compañía haría contribuciones al fondo hasta un monto de $1.500 por año. Esto era dinero gratis y todo lo que Bill tenía que hacer para obtener ese dinero era contribuir al fondo. Esta le pareció una buena idea pues estaba dispuesto a tomar todo el dinero gratis que le ofrecieran.

La segunda razón por la que según el experto éste era el mejor lugar para invertir su dinero es que todos los ingresos que depositara tendrían impuestos diferidos. A los 22 años, Bill no entendía muy bien lo que esto significaba, pero el experto le explicó que todo el dinero que depositara no pagaría impuestos en el año en lo depositara en el plan. Es decir, si en un año ganaba $30.000 y depositaba $1.500 en el plan, tan sólo pagaría impuestos sobre un ingreso de $28.500. Además, no tendría que pagar impuestos sobre este dinero hasta que lo usara en el momento de su retiro. Mientras más depositara en el fondo, más ahorraría en impuestos.

La tercera razón que le dio el presentador para justificar este método de inversión fue que cuando comenzara a retirar su dinero durante el retiro estaría en una categoría fiscal inferior, por lo que pagaría menos impuestos sobre este dinero. Otra perspectiva muy prometedora a los ojos de Bill.

Bill siempre ha sido muy consecuente solicitando el consejo de otros profesionales, así es que se reunió con su contador y con un alto ejecutivo de la compañía. Su contador le dijo que invertir en el fondo de retiro 401(k) de la compañía era una excelente idea y que efectivamente bajaría sus impuestos anuales. El contador le recomendó ahorrar tanto como pudiera en su 401(k), incluso si sus ingresos eran limitados.

El ejecutivo con quien Bill se reunió (que era amigo de la familia desde hacía mucho tiempo) le dio un consejo similar. Esta persona le dijo a Bill que su inversión en el 401(k) era la mejor decisión que había tomado. Es más, era la única decisión de invertir su dinero que había producido algún retorno y se rió al recordar algunas de las otras inversiones que había hecho basado en "consejos" de otras personas – invariablemente había perdido su dinero.

Bill estaba muy emocionado al comienzo de su carrera de inversiones. Había hecho su tarea, había pedido consejos, podía evitar pagar impuestos ahora y no tenía que pagarlos hasta que comenzara a retirar su dinero, a una tasa más baja de impuestos. ¿Qué podría ser mejor que esta situación?

Después de estas dos visitas, Bill se comprometió a depositar tanto como pudiera en su fondo de retiro 401(k), aunque esto significara tener menos fondos para otras cosas. Durante sus catorce años con la compañía, Bill había ahorrado con diligencia y había llegado a acumular $145.000 en su cuenta. Como sus ingresos eran más bien escasos al comienzo y las exigencias de su joven familia crecían y crecían, Bill no pudo contribuir tanto como hubiese deseado, pero ahora se siente orgulloso de la base que ha logrado crear. Ahora que sus ingresos son mayores, puede contribuir a su cuenta el máximo permitido por la ley. A este paso, y si continua invirtiendo tal y como lo ha hecho hasta ahora, su declaración de beneficios muestra un valor proyectado de $2.669.414 a la edad de 62 años, que es la edad a la que Bill aspira a retirarse. El depositar tanto dinero en su 401(k), no le permite ahorrar ningún dinero adicional, incluyendo el fondo universitario de sus hijos. Esto le preocupa, pero piensa que con su ingreso actual él y Marcy pueden recortar algunos de sus gastos cuando los niños vayan a la universidad e ir pagando cada año en el momento en que sea necesario. Bill tiene 36 años y se siente optimista con respecto a su futuro financiero…un futuro financiero que vendrá a su encuentro más rápido de lo que él espera.

Demos un vistazo a su futuro, o por lo menos a lo que podría ser el futuro de este astuto y trabajador individuo.

El tiempo pasa rápido, Bill ya tiene 50 años y su hija mayor Lori está en su tercer año de universidad. Han sido dos maravillosos años en los que ha visto a su hija crecer en una pequeña universidad privada. Ha seguido contribuyendo el máximo permitido a su 401(k) cada año durante los últimos once años. Se siente orgulloso de su sabia decisión de ahorrar pues su 401(k) ya cuenta con $848.819…ya es casi un millonario.

Sin embargo, las finanzas han estado más complicadas de lo que Bill se hubiera esperado. Aunque sus ingresos han aumentado a unos respetables $259.751, un incremento de 4% por año, los costos universitarios han crecido de manera mucho más rápida – a una tasa cercana al 7%. Lo que esto significa es que lo que antes costaba $30.000 al año por un año de estudios en una universidad privada, ahora ha llegado a $77.356. Bill nunca imagino que la escuela de uno sólo de sus hijos requeriría casi el 30% de su ingreso bruto y casi el 40% de su ingreso neto. Bill y Marcy han pasado grandes trabajos los últimos dos años tratando de pagar los estudios de Lori en efectivo, pero no lo han conseguido. Bill y Marcy se las han arreglado para gastar todo lo que producen y aunque han hecho algunos ajustes, no han sido suficientes para pagar lo que deben por concepto de Universidad, es más, ni siquiera les alcanza para cubrir la mitad. Bill no quiere tener que decirle a Lori que no puede estudiar en la escuela de sus sueños, así es que el único remedio es que se le ocurra algo para resolver este problema.

Una vía que ya trataron es la de la ayuda financiera, pero debido a los ingresos de Bill, no califican. ¿Cómo puede nadie mandar a sus hijos a la Universidad? Se pregunta Bill.

Una vez que fueron rechazados por la oficina de ayuda financiera, Bill decidió contactar el departamento de beneficios de su compañía y preguntar si podía retirar dinero de su 401(k). Allí le informaron que no puede retirar dinero antes de haber cumplido 59 años y medio sin tener que pagar impuestos sobre el dinero como ingresos normales. En el presente, la tasa impositiva de Bill ha subido al 40%, su tasa de impuesto sobre la renta estatal ha subido al 10% y encima tendría que pagar una penalidad del 10% por retiro temprano. Lo que esto significa es que tendría que retirar $193.390 de su 401(k) para poder pagar la cuenta de la Universidad por $77,356. ! Absolutamente ridículo! Eso representa el 22.8% de todo el dinero que tiene en su 401(k) para cubrir apenas un año de estudios de su hija. Bill y Marcy se han pasado los últimos dos años recortando gastos significativamente en todos los lujos de los que solían disfrutar. Sin embargo, lo hacen porque sienten que su misión los vale. Además, es algo temporal. Ya no van a restaurantes lujosos ni planean vacaciones familiares por los próximos años. Les aconsejaron que sacaran una segunda hipoteca sobre su vivienda al 11% de interés y Bill incluso llegó a la conclusión de que ya no podría seguir contribuyendo a su 401(k), por lo menos mientras los niños no terminaran la Universidad y hubieran pagado todas sus deudas, una decisión que realmente le molestaba.

Bill se pregunta cómo se puede ser casi millonario en el papel pero sentirse como un pobre de solemnidad. No puede accede a su dinero sin pagar costosas multas. Se siente como si su dinero fuera rehén del sistema fiscal. Sin embargo, después de haber trabajado tan duro para ahorrar para su retiro, no está dispuesto a que los impuestos se lleven el 60% de su dinero. Por primera vez en su vida Bill se pregunta si su 401(k) fue la mejor opción para ahorrar su dinero.

La mala noticia es que los problemas financieros de Bill no terminan aquí. Este mismo año Billy también comienza la universidad. Si con uno sólo de sus hijos ha sido tan difícil, ¿cómo se las van a arreglar con dos? Y el tercero no les viene muy atrás. Bill ve tan solo tres opciones: 1. Decirles a los chicos que tienen que ponerse a trabajar para ayudar a pagar su propia universidad. 2. Decirles a los chicos que necesitan ir a escuelas más baratas. 3. Pedir más dinero prestado. Después de conversarlo con Marcy, decidieron tomar la tercera opción.

A los 50 años, Bill no se siente tan seguro acerca de su futuro financiero.

Bill tiene ahora 65 años. La tormenta financiera de los estudios de sus hijos es cosa de un distante pasado. El y Marcy sobrevivieron y se sienten satisfechos de haberles dado a sus hijos el regalo de una buena educación. Es cierto, tuvo que retrasar su retiro hasta los 65 años, pero ese también terminó siendo un precio muy pequeño. Cada uno de sus tres hijos se graduó de la universidad y consiguió un buen trabajo. Lori es dueña de su propio negocio y balancea las responsabilidades de una madre de tres chicos que trabaja fuera del hogar. Billy practica como abogado en un bufete local y Scott es maestro de matemáticas de secundaria en una comunidad cercana. Bill y Marcy pidieron prestado lo necesario para que todo funcionara y han dedicado el tiempo desde entonces a repagar la deuda acumulada. También se habían prometido a sí mismos a tener su vivienda pagada para cuando Bill se retirara, para no tener ese gasto en su retiro. Es una meta que alcanzaron justo a tiempo. En este momento están libres de deudas y listos para emprender la nueva aventura del retiro, los nietos y el descanso.

Aún cuando Bill no pudo continuar depositando dinero en su 401(k) desde al tercer año de Universidad de Lori, sus contribuciones originales crecieron hasta alcanzar un monto bastante considerable. Su cuenta tiene en este momento unos sorprendentes $3.091.808. Bill se reclina en su silla y suelta un sonoro suspiro. *Increíble, aún con todos esos años tan difíciles logré acumular más de tres millones de dólares.* Bill se siente satisfecho de haber escogido invertir su dinero en su 401(k). *Me alegro de haber invertido todo lo que pude en esos años. Supongo que recibí buenos consejos.*

PERO...eso fue antes de que Bill comenzara a retirar

dinero de su cuenta.

Dos meses antes de que Bill se retirara, habían elegido un nuevo presidente en los Estados Unidos y junto con el nuevo presidente, el país eligió un nuevo congreso y senado. Los tres tenían un mismo objetivo, comenzar a pagar la monstruosa deuda. El país se estaba tomando muy seriamente la misión de atacar este problema y había elegido al gobierno que esperaba lo salvara de esta pesadilla devastadora. El futuro de Norteamérica estaba en juego.

Lo que los norteamericanos no entendían y lo que nunca se había aclarado durante los meses de campaña, era *cómo* este gobierno pensaba alcanzar esta meta. Los candidatos hablaban de cortar programas y eliminar el despilfarro gubernamental y el país entero se tragó el cuento. Ningún norteamericano deseaba ver a su país hundirse, y muchos pensaban que el momento de salvarlo era ahora o nunca. Sin embargo, esas promesas de campaña ocultaban el verdadero método de alcanzar esta meta, que era aumentar los impuestos.

Aún cuando los impuestos habían aumentado de forma continua durante los últimos 15 años, este aumento no tenía precedentes. La tasa fiscal federal que Bill debía pagar aumentó hasta un 55% de la noche a la mañana. Bill está sin palabras, y para empeorar la situación, ya no cuenta con ninguna deducción para compensar su ingreso durante el retiro. Sus hijos ya crecieron y su casa está pagada. Todas las deducciones de las que se valía cuando era más joven se han evaporado y cada dólar que retire de su 401(k) tiene que pagar impuestos, ¡y cómo!

¡Un momento! Piensa Bill, *¿Qué pasó con aquello de que mis impuestos iban a bajar durante mi retiro porque mis ingresos son menores? ¿Qué pasó con la idea de ahorrarme los impuestos durante la etapa de contribución porque es mejor a largo plazo?*

Rápidamente, Bill se da cuenta de que los pocos miles de dólares que pospuso en impuestos durante su juventud ahora le costarán más de un millón de dólares. Por primera vez entiende que nunca logró *evitar* los impuestos, lo único que logró fue *posponerlos*. El problema es que al posponerlos, Bill también los había multiplicado, lo que los había llevado a niveles peores de lo que Bill jamás hubiera imaginado. Peores de lo que nadie se hubiera imaginado.

A los 65 años, Bill se siente francamente enfermo, pues los impuestos están a punto de arruinar sus años dorados.

Ya han pasado cinco años desde la muerte de Bill. Murió a los 80 años y Marcy le sobrevivió cuatro años más, y ya hace casi un año desde que fue a descansar junto a su marido. Sus tres hijos aprecian los sacrificios que sus padres tuvieron que hacer desde el punto de vista financiero y ya hace más de un año que trabajan para resolver lo de la herencia, pues ha sido mucho más complicado y engorroso de lo que nadie hubiera imaginado.

Sin embargo, la mayor sorpresa les esperaba al obtener la distribución final de los fondos del 401(k) de sus padres.

En sus años finales, Bill les comentó a sus hijos cuánto dinero había logrado ahorrar. Había preservado el monto inicial de $3.091.808 pues no sabía cuánto tiempo iban a vivir Marcy y él, y no quería quedarse sin fondos mientras alguno de los dos estuviera vivo. Bill sabía que si comenzaba a consumir el dinero de su cuenta se podrían quedar sin nada para cuando Marcy estuviera sola, si él fallecía de primero, lo cual era muy probable y no quería correr ese riesgo, así es que ellos decidieron vivir con frugalidad. Gracias a los nuevos impuestos, su vida era tan solo la sombra de lo que fue en el pasado. *Esta* parte del retiro Bill nunca la compartió con sus hijos.

Una vez que se aclaró la herencia de Bill y Marcy y se distribuyeron los fondos de su 401(k) sus hijos quedaron con la certeza de que alguien había cometido un error. De los casi tres millones de dólares en la cuenta de padre, tan sólo $476.368 o un 15% pasaron a sus hijos. En lugar de que cada uno recibiera cerca de un millón de dólares, luego de los impuestos los tres hijos recibieron un poco más de $150.000 cada uno. Aunque Scott está casi retirado de su cargo como profesor de matemáticas, aún tiene los suficientes conocimientos para darse cuenta de que algo no está del todo bien, así que contactó a su contador local para mostrarle la situación y después de un cuidadoso análisis el contador le explicó que las cifras están correctas. Con los nuevos impuestos federales, estatales y sobre los bienes raíces declarados por el congreso, los impuestos se llevan un 85% del dinero de sus padres.

Sus hijos están escandalizados. ¿Por qué nadie le advirtió a su padre de esta situación? ¿Por qué nadie les advirtió *a ellos* de esta situación? ¿Por qué nadie le había ofrecido a su padre una mejor opción para ahorrar su dinero?

A medida que consultaban con otros profesionales financieros en su comunidad, terminaron por encontrar la respuesta...nadie podía ofrecer una mejor opción.

Aún cuando Bill había fallecido hace algún tiempo, de haberse dado cuenta de que el gobierno se quedaría con la mayor parte de sus ahorros cuando él y Marcy murieran, seguramente se hubiera dicho, "definitivamente no me siento muy bien con respecto a mi pasado financiero."

Algunos de ustedes se identificarán con esta historia y otros no se reconocerán en absoluto, siempre se corre ese riesgo al usar ejemplos. Puede que ustedes sean menores o mayores, mujeres y no hombres, puede que ganen más o menos dinero. Quizás sean dueños de sus propios negocios y nunca haya trabajado para una corporación. O quizás hayan trabajado para muchas a lo largo de toda su vida. Quizás a ustedes no les haya ofrecido una contribución equivalente a su 401(k), es más, quizás ni siquiera tengan un 401(k). El caso es que los detalles no importan, todos nos enfrentamos a la posibilidad de tener que pagar impuestos devastadores a menos que tengamos una mejor opción.

En este libro les muestro que sí hay una mejor manera de de ahorrar para su futuro. Una manera muy sencilla y que no les hace sentir que su dinero está aprisionado hasta que llegue el momento de su retiro. Una manera que les permite acceder a su dinero en cualquier momento y por cualquier monto sin tener que pagar impuestos...sí leyeron bien...¡cero impuestos! Una manera que no los hace rehenes de futuras tasas impositivas y que les permite vivir su retiro con acceso total a sus fondos y les permite disfrutar de todo lo que deseen hacer y aún dejar una buena herencia a sus descendientes, libre de impuestos federales y estatales.

13

Trampa del retiro # 1 – La trampa de los impuestos

Recuerden esto, la historia de Bill no tiene nada que ver con su propia historia. Puede que ustedes sean solteros, o estén casados pero no tengan hijos. Puede que ustedes ganen $30.000 al año o que ganen $300.000. Quizás sean ejecutivos de una corporación o tengan un pequeño negocio que funciona en su propia casa. Ninguno de estos detalles es importante. Lo que es importante es que ustedes entiendan los hechos de esta historia, pues estos hechos les afectan a ustedes de la misma manera.

En los siguientes cuatro capítulos me gustaría presentarles los peligros que yacen justo bajo la superficie de lo obvio. Me refiero a peligros que tienen el potencial de destruir los años dorados de su vida desde el punto de vista financiero. A estos peligros los he bautizado *Las trampas del retiro*.

Para comenzar, demos un vistazo a los componentes de la cuenta de retiro de la mayoría de las personas una vez que alcanzan la edad de retirarse. ¿Ustedes piensan que la mayor parte de sus ahorros acumulados provienen de sus contribuciones o de sus ganancias? Si respondieron de sus ganancias tienen razón, por un amplio margen.

Echemos un vistazo a los números para ver cuán significativo es este factor. Si alguien depositara tan solo $100 mensuales en una cuenta de retiro durante 30 años, esa persona contribuiría un total de $36.000. Si proyectamos un crecimiento del 10% a futuro, esos $36.000 llegarían a ser un sustancioso monto de $226.049, lo que representa un retorno total del ¡528%!

Si esta persona contribuyera a un plan de retiro con calificación de impuestos, hubiera pospuesto (no ahorrado) los impuestos sobre su contribución inicial de $36.000. En términos generales, el ingreso gravable es menor cuando una persona inicia su carrera profesional, no sólo porque gana menos, sino porque generalmente cuenta con más deducciones - las dos más importantes son los intereses hipotecarios y los niños que habitan en el hogar. De manera que incluso una persona con altos ingresos puede pagar impuestos netos de apenas un 15 al 20% debido al efecto de estas deducciones. En el caso de personas que son dueñas de sus propios negocios la tasa puede ser aún más baja.

Calculemos entonces los impuestos diferidos (no ahorrados) para la persona que contribuyó $36.000 usando una tasa impositiva neta del 20%, para ser conservadores. Veinte por ciento de $36.000 es un total de $7.200 diferidos (no ahorrados) durante los años de acumulación.

Este monto no está nada mal, a todos nos gustaría poder ahorrarnos esta cantidad de dinero, sin embargo, no debemos olvidar que este dinero de los impuestos no nos lo hemos ahorrado, tan sólo lo hemos diferido.

Como dijimos anteriormente, si le aplicamos una tasa de crecimiento del 10% a estos ahorros, esta persona terminaría por acumular aproximadamente $226.049 en su cuenta de retiro. Aún cuando no sabemos qué tasa de impuesto esta persona va a tener que pagar cuando se retire (y de esto hablaremos más adelante) sí sabemos que muy probablemente habrá perdido sus principales deducciones.

Una de las metas más importantes que tienen muchas personas retiradas es ser propietarios de su propia casa, libre de deudas, pues no desean tener que hacer pagos mensuales que se pueden comer todos sus ingresos durante sus años de retiro. El resultado es que muchas personas retiradas ya no cuentan con el beneficio de una deducción por pago de hipoteca a la hora de declarar su impuesto sobre la renta. Simultáneamente, como ya sus hijos han crecido y se han mudado de la casa (o por lo menos eso esperamos), tampoco cuentan con el beneficio de poder declarar a sus hijos como dependientes. ¿Cuál es el efecto neto de estos hechos? Que la persona tiene menos deducciones sobre sus impuestos y esto a su vez se traduce en una tasa impositiva *neta* mayor.

Antes de examinar el escenario fiscal más probable al que este individuo se va a tener que enfrentar, hay algo que debemos suponer; necesitamos tratar de adivinar cuál será la tasa impositiva *neta* que esta persona tendrá que pagar cuando se retire. Para no complicarnos demasiado, vamos a ser generosos y suponer que esta persona va a seguir pagando la misma tasa neta de tan sólo el 20% durante su retiro. Si aplicamos esta tasa al balance total de su plan de retiro con calificación de impuestos, el monto que obtenemos es de $45.210. No suena como buenas noticias y el haber diferido impuestos por un gran total de $7.200. De hecho, los impuestos diferidos le costaron a esta persona más de siete veces en impuestos reales que va a tener que pagar durante el tiempo en que comience a retirar el dinero de su cuenta, y la perspectiva de los impuestos después de su muerte es aún peor.

La realidad, no obstante, es que la tasa de impuestos neta durante su retiro con frecuencia es mayor que la de los años de acumulación, incluso si sus ingresos permanecen igual o si disminuyen. Como ya explicamos, esto se debe a la pérdida de algunas deducciones claves con las que antes contaba. En realidad, la tasa neta de impuestos de esta persona pudiera ser de hasta un 30 o 40%n especialmente si vive en un estado con una tasa moderadamente alta de impuesto sobre la renta. Si la tasa de impuesto neta fuese del 30%, el total de impuestos a pagar sería de $67.815 en lugar de $45.210. Al 40% el monto alcanza los $90.419.

¿Existe alguien que esté dispuesto a cambiar $45.210, $67.815 o $90.419 por diferir el pago de apenas $7.200? ¡Por supuesto que no! Sin embargo, desafortunadamente, esto es lo que millones de norteamericanos hacen cada día cuando depositan su dinero en un plan de retiro con calificación de impuestos. Recuerden, estos números se basan en ahorros de apenas $100 mensuales, si una persona hora $1.000 mensuales, o más, como lo permiten la mayoría de estos planes, entonces el problema es *diez veces* peor. Lo que hoy parece una atractiva oferta de deducir los impuestos puede terminar contándonos $450.210, $670.815 o $900.419 o más.

Lo que la mayoría de las personas no logra entender es que los planes con calificación de impuestos *no ayudan a evitar pagar los impuestos, tan sólo los posponen y al posponerlos, estos planes multiplican los impuestos, haciendo que la carga impositiva sea aún peor – mucho peor.*

Piénsenlo por un minuto, ¿ustedes están planeando el retiro de quién? ¿Les queda alguna duda de la razón por la que el gobierno promueve este tipo de programas? El gobierno está planeando *su propio* retiro a costa del dinero *de los contribuyentes.*

En el capítulo diecinueve les voy a demostrar cómo pueden pagar los $7.200 en impuestos sobre los depósitos que hacen hoy, para luego poder retirar todos los $226.049 de su cuenta libre de impuestos. No se trata de impuestos diferidos, se trata de dinero *libre de impuestos.*

A medida que estudiamos el siguiente punto con respecto a los impuestos, permítanme hacerles una pregunta crítica. ¿Ustedes piensan que en un futuro los impuestos serán mayores o menores de lo que son hoy en día? Piénsenlo por un momento. Mientras escribía este libro, hice esta pregunta con frecuencia para medir la opinión del público con respecto al futuro de los impuestos. ¿Adivinen qué? Cada una de las personas con las que hablé, sin falta, me dijo que su expectativa era que los impuestos aumentarían en el futuro y debo confesar que estoy completamente de acuerdo.

Piensen en nuestras perspectivas como país. Estamos librando una masiva y costosísima guerra contra el terrorismo. ¿Quién va a pagar por eso? Se habla de un compromiso de continuar con la exploración del espacio. ¿Quién va a pagar por eso? Además, recientemente hemos sufrido devastadores huracanes que han destrozado el sureste del país. Así que vuelvo y les pregunto, ¿Quién va a pagar por eso?

La respuesta a estas tres preguntas es: ustedes. Ustedes, los contribuyentes norteamericanos. Les pido que no piensen que estoy expresando mi opinión personal acerca de estos temas. Quizás ustedes están de acuerdo con estos gastos, o quizás están en desacuerdo. Esto es irrelevante, pues aún tendrán que pagar por ellos y mientras que estos gastos son astronómicos e inmediatos y van a afectar la economía y el presupuesto nacional por muchos años, mi opinión es que existen tres temas aún más preocupantes que se vislumbran en el horizonte y que deben ser atendidos a fin de evitar un posible colapso financiero a nivel nacional.

El primero de estos temas es que nuestro sistema de seguridad social está a punto de colapsar. Muy pronto cada trabajador estará pagando por cada persona retirada. No piensen ni por un segundo que el dinero que contribuyen al seguro social está allí guardado en una cuentecita esperándolos cuando se retiren. No es así, es más ese dinero ya ha sido gastado. Hasta el último centavo. Es un sistema en el que todo el dinero que entra, sale inmediatamente y que está al borde del desastre. Si no me creen, busquen su último estado de cuenta del seguro social. Lean cuidadosamente lo que dice al lado derecho de la primera página,

"Acerca del futuro del seguro social…

"Durante más de 60 años Norteamérica ha mantenido su promesa de brindar seguridad a sus trabajadores y a sus familias. No obstante, ahora el sistema de seguro social se enfrenta a serios problemas financieros que afectan su futuro y que requieren de acción inmediata para poder asegurar que el sistema seguirá vigente cuando los jóvenes trabajadores de hoy estén listos para retirarse.

"Hoy en día, casi 36 millones de norteamericanos tienen 65 años o más. Sus beneficios de retiro del seguro social están respaldados por los trabajadores de hoy y sus empleadores quienes conjuntamente pagan los impuestos correspondientes al seguro social – tal y como el dinero que ellos pagaron al seguro social se usó para pagar los beneficios de aquellos que se retiraron antes que ellos. *A menos que muy pronto se tomen medidas para fortalecer al sistema de seguro social, en apenas 14 años comenzaremos a pagar más en beneficios de lo que recolectamos por concepto de impuestos. Sin cambios, para el año 2024 el fondo fiduciario del seguro social se habrá agotado.* [Resaltado y subrayado por el autor.] Para ese entonces se espera que el número de norteamericanos de 65 años o más se habrá duplicado. Ya no habrá suficientes jóvenes trabajando para cubrir todos los beneficios que se deben a aquellos que se están retirando. En ese punto, únicamente habrá dinero suficiente para pagar aproximadamente 73 centavos por cada dólar de beneficios."[6]

¿Por qué piensan que el gobierno imprimiría esta información en la primera página del estado de cuenta del seguro social y la enviaría a cada trabajador todos los años? ¿Será quizás que están conscientes del desastre que se avecina y quieren cubrirse las espaldas? Aún cuando la mayoría de los norteamericanos no lee estos estados de cuenta e ignoran que este desastre siquiera existe, el gobierno quiere hacernos a nosotros responsables como individuos, para que en un futuro nadie pueda decir, "¡Pero a mí nadie me dijo que yo no tendría mis beneficios del seguro social!" Lo único que el gobierno necesita decir es "Nosotros les advertimos todos los años durante 30 años. ¡Nosotros no tenemos la culpa!"

El 11 de enero de 2005, el presidente Bush hizo los siguientes comentarios en el Andrew W. Mellon Auditorium de Washington, DC, "Reconozco que algunos dirán, pues [el seguro social] no ha quebrado todavía, ¿por qué no esperamos hasta que haya quebrado? El problema con esta idea es que mientras más esperemos, más difícil será resolver este problema. Tienen que darse cuenta de que, a menos que hagamos algo, en este sistema va a haber una diferencia de aproximadamente $ 11 billones de dólares entre el dinero que entra por concepto de contribuciones y el que sale por concepto de pago de beneficios. Y eso es un problema serio. Estamos hablando de billones de dólares."

¿Qué? ¿Una diferencia de 11 billones de dólares? ¿Cómo es eso posible? Eso representa aproximadamente un 38% más que el total de la deuda nacional.

El 13 de enero de 2005, el vicepresidente Cheney se hizo eco de las palabras del presidente durante un discurso en la Universidad Católica. "Una vez más, se espera que la diferencia del seguro social exceda los 10 billones de dólares; esa cifra es casi el doble de los sueldo y salarios combinados de cada trabajador norteamericano durante el año pasado."

En realidad, yo no creo que el gobierno va a permitir que el sistema de seguro social colapse, pues esto causaría un escándalo de proporciones epidémicas, sin embargo, para mantener el sistema con vida tiene una sola opción – ¡aumentar los impuestos!

La segunda razón que me hace pensar que en el futuro tendremos impuestos aún más elevados es nuestra inmensa deuda nacional, pues según el reloj nacional de la deuda norteamericana, para octubre de 2006 se había disparado a niveles estratosféricos, hasta alcanzar la inimaginable cifra de $8.554.808.534.095 (más de ocho billones y medio de dólares) y aumenta aproximadamente $1.6 mil millones por día. Para poner esta cifra en perspectiva, cada uno de los 300 millones de norteamericanos vivos hoy en día tendrían que contribuir $28.511 para poder pagarla.[7] Eso incluye a cada hombre, mujer, niño y bebé que viven en Norteamérica hoy en día. Con este ritmo de crecimiento, esta montaña puede que sea ya inalcanzable. Sin embargo, a la larga, esta situación también deberá ser atendida y sólo existen dos maneras de hacerlo. Gastar menos. Cobrar más. ¿Están escuchando lo mismo que yo? ¡Más impuestos!

Antes de continuar con la tercera razón por la que pienso que hay mayores impuestos en nuestro futuro, quiero detenerme por un momento en el tema de nuestra deuda nacional. Mientras investigaba la deuda del país para escribir este capítulo, lo que comenzó como una preocupación se transformó en una angustia de proporciones catastróficas. Nuestra deuda está fuera de control. Hace menos de tres años, en diciembre de 2003, nuestra deuda era de $7 billones. ¿Qué significa esto? Que en menos de tres años la deuda ha crecido en más de $1.500.000.000.000 – un billón y medio de dólares. ¡En apenas tres años!

Permítanme poner estos hechos en perspectiva. En 1791, sí, hace 215 años, nuestra deuda nacional era de $75.463.476 – un poco más de setenta y cinco millones de dólares. Sin embargo, cuarenta y cuatro años más tarde, en 1835, nuestra deuda nacional se había reducido a apenas $33.733. Éramos, esencialmente, una nación libre de deuda. A partir de ese momento nuestra deuda ha crecido de una manera indetenible y estratosférica. Por lo tanto, en un período de 168 años (1835-2003) nos las arreglamos para acumular $7 billones en deuda. Los $1.5 billones adicionales que le hemos agregado en los últimos tres años representan un sorprendente 17% del _total de la deuda_ que nos ha tomado 171 años acumular. Piensen en esto por un momento. El diecisiete por ciento del total de nuestra deuda nacional ha ocurrido durante los últimos tres años, o aproximadamente el 1% del tiempo total que nos tomó llegar a este nivel. ¿Será que se están acelerando los hechos? Indiscutiblemente. ¿Piensan que la tendencia va a cambiar? ¡De ninguna manera!

A menos que comencemos a pagar la deuda, esta bola de nieve continuará creciendo y creciendo y moviéndose cada vez más rápido. En este momento tiene el tamaño del monte Everest. ¿Cuánto más tiene que crecer antes de arrastrarnos a todos en la peor avalancha financiera en la historia del mundo?

¿Se acuerdan de la historia acerca del señor Interés? Pues bien, el señor Interés trabaja día y noche para arruinar el futuro de nuestra economía y mucho me temo que va a tener éxito.

Un hecho interesante que descubrí, que quizás ustedes desconozcan como lo desconocía yo, es que en octubre de 2004, nuestro país alcanzó su límite de préstamo de $7.38 billones. ¿Ustedes sabían esto? Yo no. Cabe preguntarse entonces, ¿Acaso el gobierno hizo lo que ustedes y yo hubiésemos hecho si hubiéramos llegado al máximo de nuestras líneas de crédito? ¿Acaso dejaron de gastar? Por supuesto que no. ¿Acaso cerraron el gobierno o disminuyeron el número de empleados públicos? No que yo me haya enterado. Entonces, ¿Qué hicieron? El 17 de noviembre de 2004:

"Un senado dividido aprobó un incremento de $800 mil millones sobre el límite de la deuda federal...Se espera que a este voto 52-44, primordialmente siguiendo la línea de cada partido, le siga un voto aprobatorio en la cámara baja. De hacerse efectivo, esto elevaría el límite de préstamo del gobierno a $8.18 billones – más de ocho veces el total de la deuda federal que existía cuando el presidente Reagan asumió el poder en 1981."[8]

¿Qué qué hicieron? Incrementaron el límite de deuda y pidieron prestado más dinero. El congreso se ve forzado a seguir con este desastroso ciclo de deuda, o la frágil estructura de nuestro país se derrumbaría, y muy probablemente causaría un derrumbe de la economía mundial.

Para comprobar lo anterior, permítanme citar un artículo del 16 de marzo de 2006, publicado *apenas 16 meses después del artículo anterior*, titulado "El congreso establece un nuevo límite a la deuda federal: $9 billones." Creo que fue Yogi Berra quien dijo, "es como si ya hubiera visto este déjà vu." Pues al que le caiga el manto...

"La deuda federal se ha incrementado de $542 mil millones a más de $8 billones desde 1975. La deuda como porcentaje del producto interno bruto que antes representaba el 34.7%, ahora representa más del 60%.

Ante la posibilidad de un potencial colapso del gobierno, el senado vota para incrementar el límite de deuda de la nación por cuarta vez en cinco años. La propuesta fue aprobada por 52-48 votos, lo que aumenta el tope a $9 billones. La ley pasa ahora a manos del presidente.

En este momento la deuda alcanza más de $8.2 billones.

Al igual que muchos norteamericanos que están cortos de fondos y han utilizado el máximo de crédito de sus tarjetas, el gobierno federal ha alcanzado el límite de préstamos para seguir funcionando. Si no se aumenta este límite, es probable que el gobierno pierda la capacidad de pedir préstamos en muy poco tiempo, con lo que se corre el riesgo de un colapso.

Cuando el presidente Bush asumió el poder hace cinco años, la deuda nacional era de $5.6 billones; desde ese entonces, enormes superávits han colapsado y se han transformado en serios déficits y la deuda se ha disparado casi un 50 por ciento."[9]

Pienso que ahora está más claro que nunca que la única manera en que vamos a sobrevivir como nación será imponiendo cargas impositivas significativamente mayores a todos por igual en los próximos años e incluso décadas. Es indispensable pagar las cuentas porque la alternativa es impensable.

La tercera razón por la que creo que muy pronto veremos mayores impuestos es el infierno potencial que yace inmediatamente después de las etapas iniciales de ignición – el incremento constante de los costos de salud en Norte América. Estos costos están fuera de control como resultado de que la gente es más longeva y exige más servicios y más medicamentos que nunca antes. Si sumamos estos a la falta de control sobre los litigios, nos encontramos con la receta de un futuro desastre.

En mi opinión y en la de muchos de mis amigos que trabajan en el campo de la salud, el eventual resultado en Norteamérica va a ser similar al de otros países desarrollados – un programa de salud administrado por el gobierno. La manera de costear este programa será, una vez más, a través de más impuestos.

Sin embargo, aún si el gobierno no se encarga de administrar todo el sector salud, piensen en lo que está sucediendo a nuestra población. Está envejeciendo rápidamente; cada vez un mayor número de miembros de la generación de la pos-guerra está alcanzando la edad del retiro y, ¿Cuál es el plan de salud de *todos* los norteamericanos mayores de 65 años? Medicare. ¡Un sistema de salud financiado a través de nuestros impuestos! En otras palabras, muy pronto vamos a tener un número cada vez mayor de individuos que dependen de un plan de salud patrocinado por el gobierno. La gente va a continuar viviendo cada vez más, lo que se traduce en la necesidad de atención médica a edades cada vez más avanzadas. Esto se va a ver exacerbado por la disponibilidad y los efectos de nuevas drogas, que una vez más, prolongarán más aún nuestro ya extenso ciclo de vida. Para este momento ya pueden deducir por ustedes mismos que existe una sola manera de pagar por este incremento en la demanda de atención médica de parte de una creciente población de ancianos – ¡más impuestos!

Aunque esta es apenas una lista superficial de los hechos a los que nos enfrentamos que podrían traducirse en mayores impuestos en el futuro, algo en lo que creo que es verdad es el hecho de que los norteamericanos nos enfrentaremos a tasas de impuestos cada vez más altas en las décadas futuras.

Por lo tanto, si este es el caso, ¿Prefieren ustedes pagar sus impuestos ahora o después? Si pagan sus impuestos ahora no sólo pagarán un *monto* menor, sino que lo harán a una *tasa* potencialmente menor lo que les representa un ahorro aún mayor. La otra opción es dejar que todos sus ahorros sean tasados a tasas potencialmente astronómicas en el futuro.

* * *

En este momento, es necesario que haga una pausa y les hable de un tema que este libro no toma en consideración – y por una buena razón. Yo entiendo que si ustedes depositan dinero este año en una cuenta de retiro con calificación de impuestos, ese depósito se traducirá en menores impuestos para el presente año. Si ustedes reinvirtieran el dinero ahorrado en otro vehículo de inversión año tras año, esto les permitiría ahorrar más dinero del que podrían ahorrar con una inversión por la que ya han pagado impuestos.

Algunas personas en el mundo de las finanzas quizás objetarían mi silencio con respecto a este punto, sin embargo, no lo estoy ignorando por ignorancia.

La razón por la que este libro no se refiere a ese tema es porque lo considero irrelevante. En todos mis años de experiencia en el área, en muy pocas ocasiones, si acaso ha sucedido, he visto a alguien invertir la diferencia. Es probable que muchos hayan tenido la intención, pero la verdad es que nadie lo hace. Esta es Norteamérica, aquí sabemos cómo gastar. Es más, gastamos el dinero antes de ganarlo. En mi experiencia, si alguien está ahorrando dinero por concepto de impuestos, este dinero ahorrado no se convertirá en dinero invertido, sino que pasará a formar parte de un presupuesto ya de por sí insuficiente.

14

Trampa del retiro # 2 – La trampa del acceso

¿Por qué creen ustedes que la mayoría de los norteamericanos planea retirarse entre los sesenta y los sesenta y cinco años? ¿Será una casualidad que estas fechas coincidan con el año en que cada individuo tiene acceso bien sea a su seguro social o a su plan de retiro con calificación de impuestos?

Permítanme desviarme del tema por un momento para comentar que en mi opinión, el tema del retiro les ha sido implantado en la mente a los norteamericanos por parte del gobierno y de los planificadores financieros durante tanto tiempo, que muy pocos se hacen algunas preguntas básicas. ¿Por qué me quiero retirar? Si de verdad planeo retirarme, ¿por qué estoy escogiendo esta edad en particular? ¿Qué pienso hacer el resto de mi vida?

Un amigo que se retiró hace unos años después de haber trabajado como ejecutivo de una corporación durante décadas, tuvo la amabilidad de compartir conmigo algunas de sus experiencias. Me dijo, "Patrick, tuve la suerte de contar con personas que hicieron un gran trabajo ayudándome a planificar mis finanzas para cuando me retirara. De hecho fue bastante sencillo. Sin embargo, nadie me ayudó a preparar lo que sería mi *vida* en esta nueva etapa. Por muchos años supe que este día iba a llegar, pero nunca me dediqué a pensar en lo que haría, a qué dedicaría mi tiempo o cuál sería mi siguiente búsqueda."

Pienso que hay muchas personas que han decidido retirarse en un futuro simplemente porque...porque a los 59½ es cuando pueden acceder a su cuenta de retiro con calificación de impuestos... porque a los 65 años pueden obtener su seguro social...porque, porque, porque, porque...suena como un disco rayado.

Me gustaría que la gente tuviera la capacidad de separar su deseo de retirarse del acceso a su dinero. El plan que les voy a presentar les ofrece esta posibilidad. De un todo. Completamente. Sin embargo, por ahora, veamos la *Trampa #2 – La trampa del acceso.*

¿Se acuerdan de nuestro amigo Bill? ¿Cuánto iba a costarle retirar dinero de su 401(k) para financiar la educación universitaria de su hija? Puesto que Bill aún estaba trabajando y produciendo buen dinero, todo el dinero que retirara de su plan de retiro debía sumarse a su ingreso actual, lo que rápidamente lo elevaba a un nivel marginal de impuestos más alto. Supongamos que este nivel marginal de impuesto sea del 40% - apenas un poco más de lo que es la tasa hoy en día en 2006. Tiene asimismo un 10% de impuesto estatal y una sanción fiscal del 10% por retiro temprano. Por lo tanto, Bill debe pagar más de 60 centavos de cada dólar en impuestos para poder retirar dinero de su cuenta de retiro antes de cumplir 59½ años. ¡Sesenta centavos!

De manera que para poder pagar los $77,356 por concepto de los estudios de su hija por un año (que es el monto que probablemente cueste un año de estudios en una escuela privada en el año 2018), Bill hubiera tenido que retirar $193.390 en total para poder pagarle al servicio de recaudación de impuestos $116.034. ¿Quién en su sano juicio haría algo así? Nadie.

¿Pueden entonces entender por qué Bill se siente tan frustrado? ¿Pueden entender por qué para él su dinero estaba siendo usado como rehén? Yo ciertamente me sentiría así, y probablemente ustedes también.

En términos básicos, *La trampa del acceso* es sencilla. Su dinero en realidad no les pertenece, o por lo menos no les pertenece hasta cumplir con los requisitos de elegibilidad del gobierno. Sin embargo, no deben olvidar que cuando evitan pagar la sanción del 10% en impuestos, aún deben pagar un probable 45% por concepto de impuesto sobre la renta (federal y estatal) que puede que tengan que pagar y de hecho deberán pagar.

Si consideran esta realidad tal y como es, quizás suena hasta un poco criminal, ¿no les parece?

Una de las preguntas que la gente me hace cada vez que les presento este novedoso concepto de retiro es "¿Y por qué esto no lo hace todo el mundo?" Yo siempre los miro de vuelta y les digo, "La única razón que se me ocurre de por qué todo el mundo no hace esto, es que la mayoría nunca ha escuchado que este concepto existe. Piensen en ustedes mismos. Antes de que yo se los dijera, ¿habían ustedes escuchado de esta estrategia?"

"No," me responden.

"Pues entonces," les digo yo, "El resto de las personas es exactamente como ustedes. Sinceramente, llevo quince años trabajando en esta industria y muy pocos de mis colegas en el mundo financiero siquiera entienden los beneficios de esta estrategia por sí mismos y hay una razón que justifica este hecho y es que el producto que les permite superar todas las trampas de los planes con calificación de impuestos únicamente lo ofrecen las compañías de seguros. Desafortunadamente, la mayoría de los agentes de seguros no están muy bien entrenados en el campo financiero y no se sienten cómodos hablando acerca de dinero; es más, ni siquiera sienten que esta es un área en la que quieren ayudar a las personas. A ellos les gusta manejar el riesgo, no el dinero."

"Por otra parte, la mayoría de los corredores de bolsa y gerentes financieros no ofrecen productos de seguros, y si lo hacen, no los entienden ni les interesa aprender."

"Por lo tanto, los agentes que ofrecen la solución potencial a este problema no comprenden a fondo todas sus ventajas, y a aquellos que se encargan de manejar la mayor parte de los recursos de este país no les gustan o no les interesan los productos de seguros. Es como un carrusel y el cliente se encuentra justo en el medio."

Es mi deseo que este libro, *Retiro libre de impuestos*, pueda cerrar esta brecha y acabar con las barreras que han impedido que el público saque provecho del instrumento más ventajoso de acumulación y distribución de riqueza que ha existido jamás.

A medida que concluimos este capítulo, permítanme presentarles algunas preguntas finales para que piensen en ellas acerca de *La trampa del acceso*. ¿Ustedes realmente desean colocar todos sus ahorros a largo plazo en una cuenta que es prácticamente intocable? ¿No sería mucho mejor que tuvieran ustedes acceso a su dinero a *cualquier edad* y *en cualquier momento*? Si este fuera el caso, ¿ajustarían ustedes su edad de retirarse? Quizás continuarían en el trabajo en el que están hasta cumplir 50 años y luego se dediquen al sueño de toda su vida. ¿Quizás siempre han querido escribir un libro o comenzar su propio negocio? ¿Quizás les interese tomar clases de aviación, o viajar por el mundo, o trabajar medio tiempo o hacer trabajos voluntarios para su comunidad?

Si tuviesen acceso a sus ahorros para el retiro a cualquier edad, serían libres de producir menos, tomarse la vida con calma e incluso tomarse un descanso o un año sabático. Quizás preferirían trabajar tres días por semana e ir en pos de sus sueños, o disfrutar de la compañía de sus hijos y de sus nietos. Lo que ustedes quieran, porque sería *su* decisión. Lo mejor es que todas estas opciones estarían disponibles a cualquier edad, siempre y cuando hayan ahorrado suficiente dinero para contar con un ingreso adecuado.

Quizás descubran que su nueva carrera les gusta tanto que no piensan retirarse jamás pues este había sido el sueño de toda su vida. Esto los ayudará a sentirse energéticos y llenos de vida, más vida de la que habían experimentado jamás.

Si de hecho descubren que su nueva carrera les gusta tanto que nunca piensan dejar de trabajar y les produce lo suficiente para poder vivir, podrían dejar que el dinero ahorrado en su cuenta de retiro creciera indefinidamente. Si usan estas estrategias no hay un límite de edad en que se vean forzados a comenzar a usar sus ahorros. Los pueden dejar crecer y acumular para otros fines igualmente interesantes.

Una vez más, este *no* es el caso con los planes de retiro con calificación de impuestos. No sólo existe una *Trampa de los impuestos* y una *Trampa del acceso*, sino que hay otra trampa que con frecuencia ignoramos y que muchas personas ni siquiera saben que existe y es la *Trampa de la distribución*. Veamos en qué consiste.

15

Trampa del retiro #3 – La trampa de la distribución

Este capítulo es corto, porque la *Trampa de la distribución* es muy fácil de entender. Es cierto que existen muchas leyes y regulaciones que determinan cómo afectan a cada quien. Pero con frecuencia descubro que menos es más. Lo único que necesitan saber acerca de la *Trampa de la distribución* es cómo funciona y de qué manera puede afectar su futuro.

Puesto en términos sencillos, la agencia de recaudación de impuestos quiere meterle la mano a *su* propia cuenta de retiro. Claro que esta cuenta está a nombre de cada uno de ustedes, pero cuando el treinta, cuarenta y hasta el cincuenta por ciento de su distribución va a parar a los cofres burocráticos no queda más camino que preguntarse, "¿y entonces, de quién es este retiro?"

La cosa funciona así. Para el 1 de abril del año siguiente al que han cumplido 70 años y medio está *obligados* a comenzar la etapa de distribución de su cuenta de retiro con calificación de impuestos, bien sea una cuenta 401(k), un IRA tradicional, un SEP o SIMPLE o cualquier otro tipo de plan con calificación. El gobierno regula el monto de la distribución por año, y ésta varía dependiendo de una serie de factores. Hay una gran cantidad de sitios en Internet que ofrecen calculadoras para que cada quien pueda estimar el monto que deberá retirar, sin embargo, no se preocupen, la compañía que administra su plan está en la obligación de notificarles cuál es el monto que deberán retirar.

Entonces, ¿qué pasa si no comienzan con esta distribución obligatoria? Pues la mejor manera de explicarlo es citando directamente la publicación del servicio de recaudación de impuestos correspondiente al año fiscal 2003. (En este caso se refiere específicamente a un IRA tradicional, pero para el momento en que una persona yo tiene 70½ años, lo más probable es que su dinero esté en este tipo de cuenta. Les explico el por qué después de que veamos la cita de la publicación del servicio de recaudación de impuestos.) Dice textualmente:

"No podrán mantener montos en su cuenta IRA tradicional por un tiempo indefinido. En general, deberán comenzar a recibir sus distribuciones para el 1 de abril del año siguiente al que han cumplido 70 años y medio. La distribución mínima requerida para cualquier año a partir de ese año en que el individuo alcanza los 70 años y medio se deberá hacer para el 31 de diciembre de este último año.

Impuesto sobre el excedente. Si las distribuciones son inferiores a las distribuciones mínimas requeridas para el año en curso discutidas con anterioridad en la sección ¿*Cuándo retirar sus activos? (Distribuciones mínimas obligatorias)*, los beneficiarios pudieran tener que pagar un impuesto sobre el consumo del 50% para el año en curso sobre el monto no distribuido según lo establecido."[10]

La razón por la que esta regla aplica a casi todo el mundo es que una vez que la persona se retira (y en general así lo decide) transfiere su dinero con calificación de impuestos a una nueva cuenta tipo IRA tradicional auto regulada. ¿Por qué? Porque ya no pertenecen más a la compañía con la que estaban trabajando y la compañía ya no les permite continuar, o quieren ejercer el control sobre sus decisiones financieras por sí mismos. No obstante, aún si se tratara de uno de los pocos individuos que pueden mantener su dinero en el mismo plan, y decidieran dejarlo allí, esta decisión carece de importancia, porque *las leyes de distribución para otros planes con calificación de impuestos son las mismas que aplican para las cuentas IRA.*

Entonces, ¿qué opinan de esta cita extraída del servicio de recaudación de impuestos? Un impuesto sobre el consumo de cincuenta por ciento. ¡Tiene que ser un chiste! estarán pensando. Desafortunadamente, no lo es. *Tienen* toda la intención de recaudar *su* dinero.

Entonces la pregunta que cabe hacerse es, "Si no necesito mi dinero, ¿tendré que retirarlo de todos modos?"

La respuesta inequívoca es un rotundo "¡Sí!"

Por tanto, demos un repaso a lo que hasta ahora sabemos acerca de los planes de retiro con calificación de impuestos.

¿Dónde está depositada la mayor parte del dinero con fines de retiro hoy en día? En planes de retiro con calificación de impuestos. Por un monto de *billones* de dólares.

¿Puedo retirar dinero de mi cuenta antes de cumplir 59 años y medio? No. Por lo menos no sin pagar una multa. Bajo ciertas circunstancias especiales, si se puede, si el depositante sistemáticamente liquida su cuenta durante un cierto número de años, pero en la mayoría de los casos la respuesta sigue siendo no.

¿Qué pasa si retiro dinero antes de haber cumplido los 59 años y medio? Además de los impuestos sustanciales que tendrían que pagar, también deben cubrir una sanción fiscal de un 10% adicional.

Una vez que cumpla los 59 años y medio,¿ puedo retirar mi dinero sin pagar impuestos? Lo siento mucho, pero la respuesta nuevamente es no. Cada centavo en su cuenta con calificación de impuestos (incluyendo sus contribuciones originales) está sujeto a impuestos a su tasa actual en el *momento de hacer retiros.*

¿Qué pasa si no necesito el dinero para retirarme? ¿Puedo dejar que se siga acumulando en mi cuenta y dejárselo a mis herederos? Nuevamente, no. Si ustedes necesitan este dinero o no es irrelevante, deberán comenzar a retirarlo un año después de haber cumplido los 70 años y medio.

¿Qué pasa al momento de la muerte? ¿Cómo se cobran los impuestos sobre esta cuenta? Buena pregunta. Esta es la Trampa del retiro #4 – La trampa de la muerte. Si les pareció que las otras tres trampas eran malas, es porque todavía no han entendido esta última.

16

Trampa del retiro #4 – La trampa de la muerte

El Titanic fue un gran barco. El más grandioso que el mundo hubiera visto jamás. Tan solo tenía un pequeño problema – que nunca llegó a su destino. A pesar de lo lujoso de su decoración y lo avanzado de su ingeniería, no fue capaz de hacer lo que los barcos más primitivos, como los de Colón, habían logrado hacer más de 400 años antes.

¿Por qué? ¿Por qué no llegó el Titanic a su destino? La respuesta es muy sencilla – chocó con un iceberg.

¿Alguna vez han pensado en lo que sucedería si chocan con un iceberg? No literalmente, como en el caso del Titanic, sino figurativamente. El caso es que la experiencia del Titanic no es muy diferente de nuestra propia experiencia cotidiana. En nuestras aguas flota un iceberg. Este iceberg puede ser financiero, de salud, un accidente o una catástrofe, y su único propósito es el de hundirnos y destruirnos, llevándonos a las más oscuras profundidades para evitar que lleguemos a nuestro destino.

Para aquellos de ustedes que participan en un plan de retiro con calificación de impuestos. ¿Alguna vez han pensado en lo que pasaría si chocan contra el peor de todos los icebergs – el iceberg de la muerte? ¿Qué pasa si se estrellan mañana? ¿Qué pasa si se estrellan dentro de diez años? Quizás no suceda hasta que estén ancianos, pero tengan la seguridad de algo: este es un iceberg contra el que todos nos vamos a estrellar. La pregunta es, ¿qué van a dejarles a sus seres queridos?

¿Cómo afecta la muerte los resultados de los planes de retiro con calificación de impuestos? Echemos un vistazo.

La muerte se nos puede presentar de dos maneras, esperada o inesperadamente. A lo largo de nuestras vidas es muy probable que todos hayamos experimentado ambos casos. Esa llamada telefónica que pareciera venir de la nada a comunicarnos la mala noticia. Ha habido un accidente – inesperado.

Igualmente, es probable que todos nos hayamos encontrado junto al lecho de un ser querido que abandona este mundo lentamente luego de haber vivido una vida larga, cargada de buenos recuerdos – esperado.

Eventualmente, cada uno de nosotros entrará en una de esta dos categorías – esperada o inesperada – y cuando lo hagamos, *todas* las decisiones que hayamos tomado a lo largo de nuestras vidas afectaran a aquellos que nos sobreviven.

Echemos un vistazo a tan solo una de estas decisiones. La decisión de colocar nuestro dinero en un plan de retiro con calificación de impuestos.

Iceberg #1 – La muerte prematura

Cuando las personas se sientan con sus asesores financieros o con el administrador de planes de su compañía para hablar acerca de sus planes de retiro, ¿cuál es la imagen que tienen en mente?

Yo lo sé, pues yo me siento con estas mismas personas todos los días. Se ven a sí mismos en el futuro, en sus años dorados, jugando golf y bebiendo cócteles en Maui, viajando por el mundo, visitando a los nietos, sirviendo a su comunidad. Haciendo algo. Cualquier cosa. Lo que nadie se plantea es morirse mañana.

Su imagen del futuro se extiende a mucho más allá del día de mañana. Honestamente, usualmente se extiende a mucho más de los próximos diez años. Sin embargo, la mayoría de las personas no se plantea la pregunta más importante, "¿Qué sucede si mi futuro consiste tan solo de mañana?"

Esta es la pregunta a la que ninguno de nosotros nos queremos enfrentar. Nos parece un poco macabra, por lo que en vez de enfrentarla, la ignoramos. Pretendemos como que si la realidad de una muerte prematura no existiera y vivimos nuestra vida ignorando esta realidad y tomando decisiones que destruyen las vidas de nuestros seres queridos, una destrucción tan devastadora como la que sufrieron aquellos que se hundieron con ese gran barco, el Titanic.

¿Piensan ustedes que hubiera sido macabro que los ingenieros del Titanic se hiciera una pregunta similar, "Qué pasa si este barco choca contra un iceberg?"

Por supuesto que no. No sólo la pregunta no es macabra, la mayoría de ustedes estarían furiosos de saber que esta pregunta no fue planteada. Es a esto a lo que se conoce como planificación.

La razón por la que dedico tanto tiempo a fundar esta base, es que la falta de planificación en caso de muerte prematura ha llevado a muchas personas a cometer un error financiero muy común y al mismo tiempo muy grave. No dejan suficiente dinero para sus seres queridos.

Esta falta de dinero puede ocurrir de dos maneras. Primero, si los ahorros de un individuo no han contado con las ventajas del interés compuesto o del tiempo suficiente, son tan solo una fracción de lo que serían en el futuro. Por ejemplo, si una persona puede depositar $1.000 al mes en su plan con calificación de impuestos, es razonable pensar que podría acumular más de $3.000.000 en treinta años, lo que representa un período de tiempo razonable para una persona que trabaja. El problema es que este es número que se les queda grabado en la mente y que alimenta sus sueños de retiro.

Sin embargo, ¿qué sucede si todo esto se detiene de repente? ¿Qué tal si chocan con un iceberg? ¿Qué sucede si hacen el primer depósito mensual a su plan de retiro y luego caen víctimas de una muerte prematura? Su cuenta tendrá tan solo el valor de su único depósito, un gran total de $1.000. Incluso si lo inesperado no sucediera hoy sino dentro de cinco años, esta cuenta aún tendrá un número muy por debajo de los $100.000 – apenas suficiente para cubrir las necesidades de una familia o el futuro de un cónyuge.

La segunda manera en que esta falta de dinero se materializa es por no tener suficiente seguro de vida. En mis quince años trabajando en la industria de los seguros, *nunca, ni siquiera una vez,* me he encontrado con alguien que tenga suficiente cobertura en su seguro de vida antes de nuestra reunión. Piénselo por un momento, me he reunido con centenares de personas y no ha habido una que tenga suficiente cobertura. Este ejemplo por sí sólo debería ser prueba suficiente de que a la gente no le gusta enfrentarse a la realidad de una posible muerte prematura.

Podría extenderme explicando las razones de por qué esto sucede, pero creo que todo se resume en las mismas dos razones que ya hemos discutido – 1) La gente no cree que una muerte prematura sea algo que les puede pasar, y/o 2) La gente subestima en gran medida cuánto dinero hace falta para cubrir los gastos de sus seres queridos.

A lo largo de mi carrera, mis cálculos han demostrado de manera consistente, que toma de siete a diez veces el ingreso anual en efectivo de una persona para poder proteger a una familia adecuadamente. Puesto que la mayoría de las personas no cuenta con esta cantidad de efectivo en su cuenta bancaria o de inversiones, eso significa que la gran mayoría de estos fondos deberán venir de un seguro de vida.

¿Qué tanto tiene la gente verdaderamente en su seguro de vida? De acuerdo a mi experiencia, entre una y tres veces el monto de sus ingresos. Muy poco, sin duda alguna.

Antes de que se sientan completamente desanimados, quiero compartir con ustedes las buenas noticias. No se desesperen. Mantengan las esperanzas. En el próximo capítulo les presento la respuesta que hará que el iceberg de la muerte prematura no pueda afectarlos, por lo menos en cuanto a sus finanzas y el futuro de sus seres queridos. Si siguen mi plan, podrán eliminar ese iceberg de sus aguas financieras para siempre. Sin embargo, antes de que se salten las páginas para leer la solución, les pido que por favor lean la siguiente sección con mucha atención, pues aún hay un iceberg igualmente peligroso que se encuentra por debajo de la línea de flotación, y que está esperándolos para abrir un agujero en su barco financiero. Sigan adelante, que ya casi llegamos.

Iceberg #2 – La muerte esperada

Ojalá que ustedes, al igual que la mayoría de las personas, disfruten de una vida larga y satisfactoria y sus años dorados sean exactamente eso – dorados.

Si este es el caso, entonces habrán valido la pena toda su planificación y ahorros, pues ahora servirán para realizar los sueños de toda una vida. Es hora de disfrutar del producto de sus esfuerzos.

Sin embargo, no concuerdo con esa visión de que el retiro se trata de apatía y flojera, de no trabajar; más bien, una buena visión del retiro incluye una mayor inversión, no financiera, sino a nivel de relaciones. El retiro es el momento de tener una relación aún más profunda con su pareja, si la tienen. El momento de compartir lo aprendido con la siguiente generación. El momento de trabajar como voluntarios en organizaciones cívicas que necesitan ayuda desesperadamente. Sí, el retiro puede ser la estación más rica de la vida y quizás por esto se conoce como los años dorados.

Sin embargo, toda esta inversión en nuestras relaciones toma tiempo, y como dice el dicho, el tiempo es dinero.

Si ustedes han ahorrado su dinero diligentemente en un plan de retiro con calificación de impuestos, entonces han logrado acumular una cierta suma de dinero para ayudarles a pagar las cuentas. Esperemos que haya sido suficiente para poder pagar *todas* las cuentas, pero independientemente de lo anterior, he descubierto una cosa que es universalmente cierta de todas las personas que son buenas ahorrando y es que continúan con sus hábitos de ahorro aún después de haberse retirado. Puede que suene difícil de creer, pero resulta indescriptiblemente duro tener que comenzar a *gastar* el dinero que tanto esfuerzo nos tomó ahorrar. Convertirse en un consumidor del dinero ahorrado para el retiro requiere de un cambio drástico en nuestra manera de pensar. Sin embargo, esto se les hace muy difícil a algunas personas.

Otra realidad a la que se enfrentan las personas retiradas es que sus ahorros deben durar por el resto de sus vidas. El problema con esto es que nadie sabe cuánto tiempo va a vivir. Mi abuela acaba de cumplir ochenta y nueve años y si alguien le pregunta acerca del futuro, dice que le espera uno largo y brillante. Mi abuela piensa que le quedan por lo menos diez años más, y probablemente así sea.

El caso es que las personas muy pronto se dan cuenta de que aún si comienzan a gastar su dinero del retiro, deben hacerlo de manera cuidadosa y conservar sus fondos para que duren tanto o más que ellos mismos. Un método de estirar el dinero que he visto con frecuencia es que las personas retiradas tan solo gastan lo que su capital produce, o sea los intereses, y dejan sin tocar el capital original. Esto les hace sentir cómodos y les da la seguridad que desean. Para algunas personas, los intereses les proporcionan el dinero necesario para hacer realidad sus sueños, pero para la mayoría no. Sin embargo, en casi todos los casos, he descubierto una cosa en común, casi siempre queda algún dinero en la cuenta de la persona retirada cuando ésta muere. Con frecuencia queda *mucho* dinero.

Les pido que presten mucha atención a mi siguiente observación porque es una de las más importantes que haré en este libro. ***El peor lugar para tener su dinero al momento de su muerte es en una cuenta con calificación de impuestos.***

¿Por qué? ¿Qué sucede con el dinero que resta en un plan con calificación de impuestos en el momento en que el titular muere? Ya les voy a contar, pero no les va a gustar, es más con seguridad les va a disgustar.

Los planes con calificación de impuestos reciben un tratamiento diferente, dependiendo si el dinero le queda a un cónyuge sobreviviente o no. Si la persona retirada está casada, entonces la cuenta pasa al cónyuge sin problemas fiscales. Sin embargo, si la persona retirada no está casada, o si su cónyuge ya ha fallecido, entonces el dinero que quede en la cuenta se lo comen los impuestos. Igualmente, si el plan con calificación de impuestos pasa al cónyuge sobreviviente, la cuenta correrá la misma suerte a la muerte del cónyuge. Por lo tanto, no hay escapatoria. Permítanme describirles el desastre que les espera.

Como ya deben saber, los impuestos federales se cobran en base a bandas de ingreso. En 2006 las bandas eran las siguientes: [11]

Soltero	Casado Declaración Conjunta	Casado Declaración Individual	Tasa Fiscal Marginal
$0	$0	$0	10%
$7.551	$15.101	$7.551	15%
$30.651	$61.301	$30.651	25%
$74.201	$123.701	$61.851	28%
$154.801	$188.451	$94.226	33%
$336.550	$336550	$168.275	35%

Cuando hablamos de los ahorros de toda la vida de una persona. En realidad no es muy difícil acumular más de $350.000 en una cuenta.

Quiero que lean las siguientes palabras con mucha atención. *En el momento de la muerte (excepto si pasa a un cónyuge) el monto total en la cuenta recibe el tratamiento de ingreso gravable a pagar ese mismo año y se tasa a la tasa fiscal correspondiente.* ¿Me pueden explicar el impacto que esto va a tener sobre su cuenta?

Pongamos algunas cifras para entenderlo mejor. No es extraño ver montos de $1.000.000, $2.000.000 o incluso $3.000.000 o más que quedan en el plan con calificación de impuestos en el momento del fallecimiento del participante. Recuerden que con frecuencia, las personas retiradas no quieren gastar el capital en su cuenta por temor a que el dinero no les alcance.

A la tasa fiscal máxima vigente, una cuenta con $1.000.000 deberá pagar $350.000 en impuestos federales y $90.000 en impuestos estatales (para quienes viven en un estado con una tasa del 9%). Esto da un total de $440.000 que desaparecen de inmediato. Y no es por seguir con el mismo tema, pero si la tasa fiscal marginal aumenta (lo que creo que será una necesidad en un futuro no muy lejano) ese 35% podría llegar a ser un 50%, 55%, 60% o más.

Aunque les parezca ridículo, en mi opinión al gobierno le sería fácil convencer al público de aumentar las tasas, haciéndoles creer que a ellos no les afectará. En realidad, sería la estafa más grande del siglo y a continuación les explico por qué.

Cada vez que se debate el tema de los impuestos, algún partido político pide disminuir los impuestos para las clases media y baja, mientras se aumentan los impuestos de los ricos. Muchos norteamericanos piensan que esto tiene sentido, pues piensan "Como yo no soy rico, a mi no me afecta, ¡Que les suban los impuestos! Al final, ellos los pueden pagar."

Supongamos entonces que en el futuro, algún gobierno propone llevar la tasa fiscal marginal al 55%, pero solo para aquellas personas que ganen más de $1.000.000 por año. El gobierno presentaría estadísticas de que apenas un .05% de los norteamericanos pertenecen a esta categoría, por lo que los afectados serían muy pocos. El público en general lo aceptaría porque a ellos no les afectaría. ¿O sí?

Por supuesto que sí, por las razones que ya hemos discutido. El pueblo norteamericano sería víctima de un engaño. Esta sería la estafa del siglo. Daría pie a una de las más grandes transferencias de riqueza en la historia, pero esta transferencia fluiría en una sola dirección – directo a los bolsillos del gobierno.

Tal y como lo hemos discutido, estamos cerca de tener el mayor número de retirados y de desembolsos por retiro de la historia. Muchos norteamericanos de clase media acumularán más de $1.000.000 en ahorros para el retiro. De entrar en vigencia estas nuevas tasas fiscales, en lugar de tener que pagar $440.000 en impuestos al fallecer el titular, el monto pasaría a ser de $664.000. Es posible que un 64% de la cuenta con calificación de impuestos se use para pagar impuesto al fallecer el titular. De manera inmediata y permanente.

Un tópico al que ni siquiera me he referido como parte de este libro es el de los impuestos sucesoriales, o "impuesto a la muerte" según quienes se le oponen. Tratar de predecir qué va a suceder con estos impuestos en el futuro es como tratar de usar una resortera para pegarle a un F-17 a 40.000 pies de altura. Sabemos cuáles son las reglas que aplican hasta el 2011, pero de allí en adelante comienza todo otra vez. Si la actual disposición en el código tributario sobre sucesiones volviera a comenzar (tal y como está planeado) entonces es probable que haya un impuesto adicional además de los impuestos federales y estatales que ya explicamos anteriormente. Sin embargo, por ahora, vamos a ignorar esta información, pues no es importante en la presente discusión.

Incluso sin un impuesto sucesorial, ¿Les gustaría que el gobierno herede el 64% del dinero en su cuenta de retiro? Incluso pudiera ser más, o quizás pudiera ser menos. ¿Pero, qué les parecería eliminar al gobierno de un todo de su lista de herederos?

¿Se dan cuenta ahora de por qué los cambios en las tasas fiscales marginales afectan no sólo a los ricos?

¿En verdad les gustaría pasarse la vida ahorrando con el conocimiento de que la *mayor* parte de ese dinero (mucho más del 50%) va a ir a parar a las manos del gobierno? Si pudieran elegir quién va a recibir su dinero, ¿el primero en su lista sería el servicio de recaudación de impuestos? Sin duda que no. ¿A quién se lo darían entonces? ¿A sus hijos, a una beneficencia, a su universidad o a su sobrino o sobrina favorita? Cuando piensan en esto, es muy probable que prefieran dárselo a cualquier persona antes que al gobierno.

Si su dinero está depositado en un plan con calificación de impuestos para el momento de su fallecimiento, ya no hay nada que hacer. El gobierno va a cobrar su parte y apenas puede esperar hasta que le toque.

Tal y como les prometí, finalmente ha llegado el momento. En el siguiente capítulo les voy a demostrar cómo resolver este problema. Les voy a demostrar la manera en que pueden dejar su dinero *a cualquier persona u organización completamente libre de impuestos sobre la renta*. El gobierno no podrá tocar ni un centavo, al menos en impuesto sobre la renta.

¿Acaso no preferirían tener su dinero en una cuenta que ustedes mismos controlan? Una cuenta que les permita acceder a su dinero cuando lo deseen y que les costaría cero en impuestos cuando retiran su dinero, si lo hacen correctamente. Una cuenta en la que puedan dejar su dinero tanto tiempo como gusten y que les garantice acceso al balance total al momento de su muerte. Una cuenta que además pueda pasar completamente libre de impuesto sobre la renta a quien ustedes decidan después de su fallecimiento. Yo no sé ustedes, pero esto sería lo ideal para mí.

Ya hemos sentado las bases, veamos ahora como pueden crear una cuenta de este tipo para su propio beneficio.

Parte IV: La solución para el retiro

17

La solución para el retiro – La base fundamental

He descubierto que parte de la razón por la que la gente con frecuencia deja de disfrutar de lo mejor que ofrece la vida es que dan por ciertas ideas y conceptos falsos. Quizás se deba a un padre o a un maestro, un libro o un programa de televisión, pero el caso es que en algún momento a lo largo de su vida, la gente crea una serie de verdades que son incuestionables, y al mismo tiempo, lamentablemente falsas.

Piensen en algunos ejemplos de su propia experiencia. ¿Acaso alguna vez uno de sus padres les dijo que si se acostaban con el pelo mojado tendrían un resfriado? Sin duda que en su momento ustedes creyeron que esto era verdad. ¿Todavía lo creen? Muy probablemente. Que tal aquella idea de que "Si te arrancas una cana te crecerán diez más en su lugar." Es realmente gracioso pensar en los cuentos que nos creemos por el sólo hecho de que alguien lo dice como si fuera verdad. Como confiamos en quien lo dijo, no nos molestamos en investigar la verdad y no hacemos nuestro trabajo. Tan solo lo convertimos en parte de nuestra realidad y se lo repetimos a otras personas como si fuera cierto sin tener la menor evidencia de su veracidad.

Cuando les explique cuál es la solución a todos los problemas que hasta ahora hemos expuesto en este libro, puede que su reacción inicial sea negativa. Quizás recuerden lo que han escuchado decir anteriormente a algún asesor financiero, o han leído en algún libro o escuchado en la televisión. Es posible que tengan una fuerte reacción en contra. ¿Qué cómo lo sé? Por dos razones. Primero, porque esa fue mi propia reacción y segundo, porque esa es la reacción de la mayoría de las personas con quienes he hablado.

Cuando les pregunto *por qué* creen en lo que creen, no pueden darme una respuesta. Esto es porque no están muy seguros de por qué creen en lo que creen. La respuesta normal suele ser "No sé. Alguien me lo dijo." Hasta el momento de nuestra reunión, nunca se habían detenido a pensar en la verdad o tratado de entenderla por sí mismos. Sencillamente, se lo escucharon a alguien y lo han tenido como verdad por todos estos años.

Entonces, ¿Cuál es la solución para prepararse financieramente para el retiro? Pues es la siguiente. *Es mi opinión que el mejor lugar para ahorrar su dinero para el retiro es en un contrato de seguro de vida permanente.*

¿Tuvieron la misma reacción de todas las demás personas? ¿Escucharon las voces del pasado? Pudieran decir "¡Pero no puede ser! Con toda la variedad de productos financieros disponibles en el mercado, ¿cómo es posible que un seguro de vida sea el mejor lugar para ahorrar mi dinero a largo plazo y acumular mi riqueza? ¿Acaso los seguros de vida no son para cuando uno se muere?

Permítanme comenzar este nuevo camino con una explicación sencilla pero profunda acerca de cómo funcionan los seguros de vida. Esta es la base fundacional sobre la que construiremos el resto de nuestra comprensión del tema. Imagínense que están sentados en mi escritorio frente a mí y permítanme guiarles en el camino de una de las revelaciones más poderosas que podrán experimentar en el campo de las finanzas. Aquí vamos...

En este mundo únicamente existen dos tipos de seguros. Es cierto, escucharan muchos nombres diferentes como con término de diez años, de vida con beneficios ejecutivos, con término de 20 o 30 años, de vida Premium, de vida universal, y un largo etcétera. Cada compañía usa sus propios nombres y sus propias variaciones, sin embargo, sepan lo siguiente, existen tan solo dos tipos de seguros de vida – a término y permanente.

Cada uno de estos productos tiene cuatro características singulares. A medida que les explico estas características, les pido que consideren una analogía. Piensen en un seguro de vida a término como si se tratara de *alquilar* una vivienda, y en un seguro de vida permanente como si se tratara de *comprar* una vivienda. A medida que avanzamos, pienso que encontrarán coincidencias significativas.

Voy a comenzar con el seguro de vida a término. La primera característica de un seguro a término es su *menor costo – al principio...* tal y como alquilar una casa es más barato que comprarla, ¿Correcto?

La segunda característica de un seguro a término, sin embargo, es que la prima se *incrementa con el tiempo*. Todas las pólizas a término son ligeramente diferentes, pero en algún punto, la prima *va* a aumentar, tal y como sucede con el alquiler de una casa. Puede que ustedes hayan firmado un contrato de alquiler de cinco años sin que su renta aumente, pero una vez que se vence el contrato, ¿qué creen ustedes que va a pasar? Que la renta va a subir.

La tercera característica de un seguro a término es que no acumula capital. Piénsenlo. Si alquilan una casa durante diez años y luego deciden mudarse, ¿cuánto del dinero que han pagado en alquiler piensan que les devolverá el dueño de la casa? Nada, excepto por un pequeño depósito para daños. Todo el dinero que pagaron a lo largo de esos años les brindó una cosa: un lugar para vivir.

La cuarta característica de los seguros a término y la que yo considero más importante, es que en algún momento en el futuro, incluso si aún están vivos, la cobertura se termina. En algunas pólizas es a los 80, 85, o 90 años. Para muchos es un período de tiempo específico, como por ejemplo al final de diez o veinte años. Sin embargo, sin importar cuánto tiempo dure, una cosa es cierta, por lo menos en el caso de las pólizas a término que yo he visto, en algún momento se terminan, incluso si *ustedes* aún están vivos.

¿Cuándo es que una persona necesita un seguro de vida, o por lo menos la cobertura por muerte? La respuesta es sencilla – cuando muere. Y ¿cuándo mueren la mayoría de las personas? La mayoría se muere cuando tienen una avanzada edad. Por lo tanto, estas pólizas a término se terminan justamente cuando hacen más falta. Desafortunadamente, como la mayoría de estas pólizas a término se vuelven muy costosas a lo largo de los años, la gente las deja mucho antes de que expiren. Por lo que todo ese dinero (igual que lo que sucede con la renta) ha sido desperdiciado.

Echemos ahora un vistazo a los seguros de vida permanentes. La primera característica es que tiene un *costo inicial más alto*. Tal y como es más costoso comprar una casa de lo que es pagar el alquiler.

En segundo lugar, las *primas se mantienen estables*. Están diseñadas para no tener que aumentar en el futuro. Piensen en la hipoteca de su casa. Si obtienen una hipoteca tradicional por treinta años a interés fijo, ¿cuánto se incrementará su pago durante esos treinta años? Cero. El pago número 360 es exactamente igual al primero, por lo menos en lo que al capital y los intereses se refiere. Echemos un vistazo a un gráfico, (figura 17.1) para comparar cómo se verían las diferentes primas. Digamos que la línea "A" es el costo de un seguro a término y la línea "B" es el costo de un seguro permanente. La línea "B" comienza mucho más alto que la línea "A", pero como pueden ver se mantiene todo el tiempo al mismo nivel. En algún punto en el futuro, la línea "A" (seguro a término) va a costar más, desde un punto de vista de gasto directo que la línea "B" (seguro permanente). Tal y como sería más costoso dentro de veinte años tener que pagar la renta de lo que sería pagar la hipoteca si hubieran comprado una casa para el mismo momento en que comenzaron a alquilar.

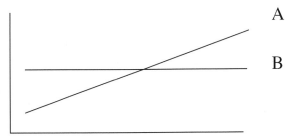

Figura 17.1

La tercera característica de los seguros de vida permanentes es que permiten *acumular* capital, tal y como sucede cuando compramos una casa. Si ustedes viven en su casa durante veinte años y luego la venden, lo más probable es que recuperen cada dólar que pagaron y hasta ganen en la transacción. El caso es el mismo con los seguros permanentes.

La cuarta y última característica de los seguros permanentes es que *la cobertura no termina*, siempre y cuando continúen pagando sus primas. En el caso de la mayoría de los seguros permanentes de calidad no existe una fecha predeterminada en el futuro en que la cobertura cesa de existir. Han sido diseñados para estar allí cuando ustedes los necesiten – con suerte, mucho más adelante en la vida.

Por tanto demos un repaso a las cuatro características que diferencian a los seguros permanentes de los seguros a término en el siguiente cuadro (figura 17.2):

Seguro a Término	Seguro Permanente
1. Bajo costo – al principio	1. lto costo, al inicio
2. El costo sube	2. El costo se mantiene
3. No acumula capital	3. Acumula capital
4. La cobertura termina	4. La cobertura nunca termina

Figura 17.2

Esta explicación hace que parezca como si yo prefiriera los seguros de vida permanentes, y debo confesar – es así. Sin embargo, yo ofrezco los dos tipos de seguros a mis clientes en proporciones iguales, porque la característica que ambos tienen en común es que ambos ofrecen pagar beneficios al momento de la muerte. El tema más importante en la discusión acerca de los seguros de vida es tener el monto de cobertura adecuado. Si una persona solo puede pagar por el monto de cobertura necesario en un seguro a término, esto es preferible a no tenerlo.

Sin embargo, si una persona puede costear las primas mensuales (o anuales) de un seguro permanente, entonces al igual que en el caso de poder comprarse una casa, un seguro de vida permanente es muy preferible.

Con esta sencilla lección ya saben más acerca de los seguros de vida que el 90% del resto de las personas. En serio. Incluso hay agentes de seguros que no son capaces de entender estas simples diferencias.

Aun cuando los temas discutidos tienen una importancia significativa en el ámbito de las finanzas de una familia, hasta ahora no he conocido a nadie que se haya emocionado tratando de calcular el monto correcto de su cobertura en caso de muerte. Para muchos los seguros de vida son un mal necesario. Para muchos otros ni siquiera son necesarios y los evitan a toda costa.

Les garantizo una cosa. Los capítulos siguientes cambiarán para siempre su manera de pensar sobre los seguros de vida. Quizás no cambien su manera de pensar acerca de la parte relacionada con los beneficios en caso de muerte, pero se verán a sí mismos, aunque suene tonto decirlo, emocionados acerca de su seguro de vida. Descubrirán que un seguro de vida les brinda mucho más que un pago a la hora de la muerte. Es más, si lo construyen de manera adecuada, su seguro de vida puede servir como una de las estrategias de retiro más poderosas disponibles en el mercado. No me sorprendería en lo más mínimo si esta información les impulsa a agarrar el teléfono más cercano para conseguir una cita lo más rápido posible con su agente de seguros o la persona que les regaló este libro (en el caso de un agente de seguros de vida o planificador financiero) para discutir cuál de las opciones específicas es la más conveniente.

18

La solución para el retiro – Las reglas del dinero

Cuando se retiren, tan solo podrán disponer de dos tipos de dinero. Potes de dinero como los llamo yo. El primero paga impuestos y el segundo no. (Ver figura 18.1)¿En cuál de estos dos potes les gustaría tener su dinero? ¿En el que paga o en el que no paga impuestos?

El pote de dinero que paga impuestos, tiene dos tipos de gravámenes. El primero se llama impuesto a las ganancias de capital. Este es un impuesto que hay que pagar por concepto de utilidades por acciones de la bolsa, fondos mutuales y bienes raíces. Existen dos niveles diferentes de impuestos dentro de la estructura de ganancias de capital. Una es el impuesto sobre las ganancias de capital a corto plazo, que se aplica a inversiones de menos de doce meses de duración; la tasa de impuestos correspondiente es la tasa de impuesto marginal. El segundo nivel de impuestos es para las inversiones a largo plazo, o sea las que tienen una duración de más de doce meses. La tasa actual (2009) sobre ganancias de capital en inversiones a largo plazo es generalmente de un 15%. Sin embargo, esto puede cambiar en base a cualquier cambio a la ley fiscal.

En el otro lado del pote que paga impuestos tenemos el impuesto sobre la renta – este es el impuesto que estamos acostumbrados a pagar sobre nuestros ingresos anuales. El tipo de inversiones que se encuentran en este lado del pote son todos los planes con calificación de impuestos además de cualquier otra fuente de ingreso. Para 2009, este impuesto puede ser de hasta 35%, pero tal y como lo hemos discutido antes, este número podría incrementarse en el futuro, y lo más probable es que así lo haga.

Veamos ahora el otro pote de dinero – el que no paga impuestos. Aún cuando existen tres lugares en los que comúnmente acumulamos los ingresos libres de impuesto, solo dos, en mi opinión pueden funcionar como vehículos de ahorro para el retiro. Los tres instrumentos de acumulación que encontramos en el pote libre de impuestos son: 1) Bonos municipales, 2) Una cuenta Roth IRA,** 3) Un seguro de vida (si está estructurado y se administra adecuadamente – más adelante les explico.)

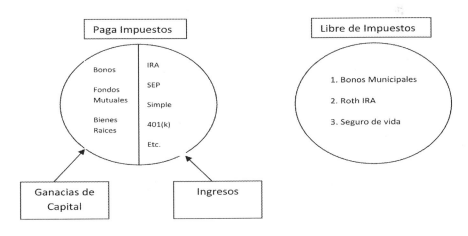

Figure 18.1

El primer renglón de la lista del pote libre de impuestos no lo voy a tomar en cuenta porque no produce un retorno suficiente ni ofrece la diversificación adecuada para construir un fondo de retiro. Por lo tanto, al eliminar el número uno nos queda tan solo el dos y el tres.

Una cuenta Roth IRA es un regalo maravilloso que nos ha dado el gobierno para colocar nuestros ahorros para el retiro, pero es tan solo *el comienzo*. Actualmente, un individuo puede depositar únicamente $5.000 al año en una cuenta Roth IRA ($6.000 para las personas de 50 años en adelante). Aunque este número ciertamente irá creciendo con los años, aún es una porción muy pequeña de lo que se necesita para tener un fondo de retiro adecuado. Otra desventaja es que quienes tienen mayores ingresos no pueden participar. Una vez que el ingreso combinado de un hogar llega a los $150.000, la oficina de recaudación de impuestos comienza a disminuir los montos que se pueden depositar en un Roth IRA. Cuando el ingreso llega a los $160.000 ($110.000 para los solteros) la posibilidad de contribuir desaparece de un todo.

Una vez más, las personas de mayores ingresos reciben un tratamiento injusto por parte del gobierno. No tiene sentido, pero es la realidad con la que tenemos que vivir.

Por lo tanto, si su hogar produce más de $160.000 al año ($110.000 para los solteros) y no pueden contribuir a una cuenta Roth IRA, y los bonos municipales no representan un medio adecuado para ahorrar, les queda tan solo una opción en el pote libre de impuestos. Los seguros de vida. Afortunadamente, esta opción es verdaderamente sensacional.

Recuerden esto, ¿Cuál de los dos potes quieren tener llenos cuando se retiren? El libre de impuestos, por supuesto.

Antes de examinar la manera exacta en que un seguro de vida puede ayudarles con esta estrategia de retiro libre de impuestos, quiero repasarles otras dos reglas del dinero. La primera es una lista muy sencilla y bien organizada a la que he llamado *Las mejores categorías de inversión*. Representa el orden en que debe fluir un dinero bien invertido. La mayoría de las personas se salta la mejor opción, pero mi intención es que ustedes sean más inteligentes que la mayoría. Ver figura 18.2 a continuación.

<u>*Las mejores categorías de inversión*</u>
1. Dinero gratis
2. Dinero libre de impuestos
3. Dinero con impuestos diferidos
4. Dinero gravable

Figura 18.2

Demos un rápido vistazo a cada categoría para aclarar lo que significa y cómo puede un inversionista beneficiarse de las mismas.

#1 – Dinero gratis. Suena genial, pero ¿cómo lo consigo? Aparte de regalos de la familia o de una herencia, la única fuente que yo conozco en el mundo de los negocios para obtener dinero gratis es a través de los programas 401(k) en los que el patrón deposita la misma cantidad que el empleado. Un momento, estarán pensando ustedes. Una gran parte de este libro ha sido dedicada a explicar porque estos planes de ahorro *no son* la mejor opción para ahorrar para el retiro. Esto es cierto – con una excepción. Dinero gratis. Siempre he animado a las personas a aprovecharse de todo el dinero gratis que puedan obtener. En otras palabras, les animo a que contribuyan (si es necesario) el monto *mínimo* requerido para obtener la cantidad máxima de dinero gratis que su compañía les quiera dar.

Digamos por ejemplo, que su compañía iguala lo que ustedes depositan hasta un máximo del 3% de sus ingresos. Si ganan $60.000 al año entonces deberán contribuir $1.800 ($60.000 x 0,3) a su plan patrocinado por el patrón, pues su depósito de $1.800 les representaría $1.800 adicionales que el patrón depositaría. ¡Este es dinero gratis! Tomen tanto como puedan, pero una vez que alcancen el límite del dinero gratis, dejen de contribuir y deténganse a examinar el siguiente paso.

Cada plan es diferente, así que mejor chequeen con el administrador de su plan para asegurarse cuánto necesitan contribuir para obtener el máximo de dinero libre. Sin embargo, una vez que alcancen este nivel (que suele ser bastante bajo) - ¡Deténganse! No pongan más dinero en su cuenta con calificación de impuestos. Si continúan contribuyendo por *encima* del nivel en el que el patrón iguala sus depósitos, se habrán saltado el segundo renglón en la lista (Dinero libre de impuestos) y se van a encontrar en el renglón número tres (Dinero con impuestos diferidos.)

#2 – Dinero libre de impuestos. El ejemplo de los potes de dinero que ya les expliqué demuestra claramente cuáles son sus opciones para poder acumular dinero libre de impuestos. Si su ingreso es alto, entonces cuentan con tan solo una opción – un seguro de vida. Lo bueno de un seguro de vida es que puede ser estructurado de manera que funcione de manera similar a una cuenta Roth IRA, pero sin las limitaciones del ingreso. Les pido que por favor entiendan que este plan *no es* una cuenta Roth IRA; simplemente puede funcionar de manera parecida, tal y como les explico en el siguiente capítulo.

Si su ingreso es inferior al límite y tienen la posibilidad de contribuir a una cuenta Roth IRA, ésta es una muy buena opción. O por lo menos es un punto de partida. "Pero," se preguntarán ustedes, "si un seguro de vida hace lo mismo, ¿me hace falta abrir una cuenta Roth IRA?" La respuesta depende de la situación de cada persona; puede que sí o puede que no.

El primer escenario que quiero discutir es el caso de una persona que *no necesita seguro de vida **y que además** va a ahorrar una cantidad inferior a los $5.000 al año* que le permite la cuenta Roth IRA. Si *ambas* cosas son ciertas, entonces es muy probable que una cuenta Roth IRA sea preferible a un seguro de vida, pues la primera no tiene los costos internos del pago de beneficios en caso de muerte, por lo tanto cada dólar que se deposita va directo a la porción de inversión (menos lo que se cobra la compañía, por supuesto.)

El segundo escenario en que una cuanta Roth IRA pudiera ser preferible es el caso de aquellas personas que ya están cerca de la edad de retiro y no cuentan con tiempo suficiente antes de la fase de distribución para acumular fondos adecuados en la opción del seguro de vida. Nuevamente, esta es una situación muy específica y un agente de seguros calificado puede explicarles cuál es la mejor opción en esta situación en particular.

#3 – Dinero con impuestos diferidos. No creo necesario explicar más este punto ya que le hemos dedicado una gran parte de este libro a discutir la opción de los impuestos diferidos. Con frecuencia las personas inyectan todo su dinero en esta opción y se han saltado la #2 – *Dinero libre de impuestos* – por completo. Esto en mi opinión es un error. Recuerden se trata de *Las mejores categorías de inversión*, así que ¡elijan la mejor!

#4 – Dinero Gravable. Casi todo lo demás pertenece a esta categoría y paga impuestos, se trata de dinero que no está exento de impuestos ni ahora ni en el futuro.

Allí las tienen - *Las mejores categorías de inversión.*

Hablemos ahora de la segunda regla del dinero antes de entrar en los aspectos más técnicos de cómo un seguro de vida les puede brindar una estrategia maravillosa para acumular su dinero a largo plazo. La segunda regla del dinero es la siguiente – *Mientras menos impuestos, mejor.* Yo sé que suena muy elemental y lo es, pero si este es el caso, entonces ¿por qué tanta gente tira su dinero en cuentas en las que terminan pagando más impuestos? Quizás están siguiendo una regla secreta del dinero que dice *Mientras más impuestos, mejor.*

Para ilustrar esta regla voy a usar una serie de figuras que les ayudarán a ver en forma gráfica lo que les he estado explicando verbalmente. Para comenzar, vean la figura 18.3 a continuación.

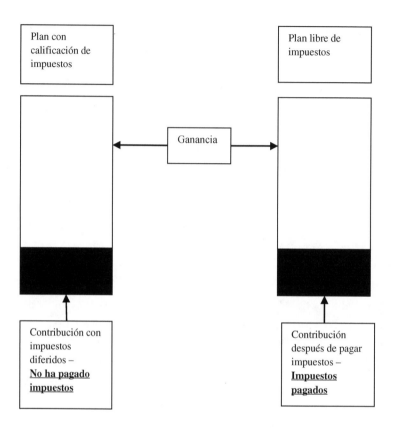

Figura 18.3

La primera barra a la izquierda representa un plan con calificación de impuestos, como un 401(k), 403 (b) o una cuenta IRA. La
parte en negro en la base del gráfico representa la *contribución* que
el participante ha depositado en esta cuenta. Como pueden ver, la
mayor parte del dinero en la cuenta al momento del vencimiento
no es el dinero que el titular ha depositado, sino lo que el dinero
ha producido – la ganancia. Tal y como el gráfico lo muestra, no
se han pagado impuestos *sobre la porción en negro*, o sea la contribución. Sin embargo, en el momento del retiro, *a todo el dinero*

en la cuenta, incluyendo la contribución, se le cobra el 100% de los impuestos.

La segunda barra representa nuestras opciones libres de impuestos – un seguro de vida o una cuenta Roth IRA. A diferencia de la porción en negro en la primera barra, la porción en negro en esta barra (monto contribuido) se paga con dinero al que *ya le han sido descontados los impuestos*, es decir, la persona *ya pagó* los impuestos sobre este dinero. El dinero lo recibieron ustedes como parte de su salario (con los impuestos ya descontados) para *luego* ser colocado en este vehículo de acumulación. Tal y como sucede con el plan con calificación de impuestos, la mayoría del dinero es esta cuenta es ganancia, no contribución. Sin embargo, ***si se usa esta estrategia adecuadamente***, (en base a las leyes fiscales vigentes para el momento de escribir este libro) *una persona puede retirar todo su dinero**, tanto** la contribución **como** la ganancia, sin tener que pagar un sólo centavo en impuestos.*

Por lo tanto solo queda preguntarse, ¿Preferirían tener que pagar impuestos sobre todo esto?

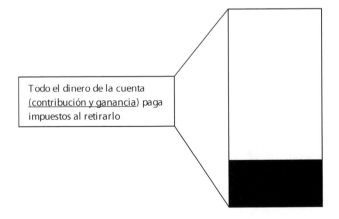

Todo el dinero de la cuenta (contribución y ganancia) paga impuestos al retirarlo

¿O esto?

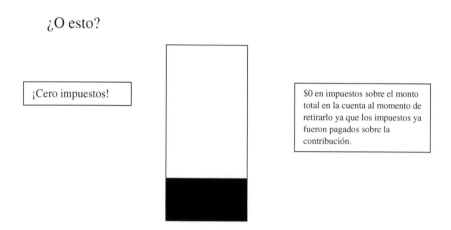

¡Cero impuestos!

$0 en impuestos sobre el monto total en la cuenta al momento de retirarlo ya que los impuestos ya fueron pagados sobre la contribución.

Es realmente así de sencillo.

** En este libro solamente me refiero a las cuentas Roth IRA y no a las cuentas Roth 401(k) por dos razones: Una, que en este momento se le ofrece a número tan limitado de personas que realmente no es aplicable a la mayoría de las personas que leen este libro. Segundo, porque aunque el crecimiento en una cuenta Roth 401(k) puede que sea libre de impuestos, el gobierno tiene tantas reglas que este instrumento no les brinda la misma variedad de opciones que ofrece un seguro de vida...por lo menos hasta ahora.

19

La solución para el retiro - ¿Por qué un seguro de vida?

Finalmente ha llegado el momento de que nos dediquemos a estudiar a fondo este nuevo frente de inversión. Todos los capítulos anteriores tenían un propósito significativo, el de sentar las bases fundamentales sobre las cuales podamos construir.

Ya han podido navegar con cuidado para evitar algunas minas financieras. Han explorado la potencial pesadilla fiscal de los planes de retiro con calificación de impuestos. También comprenden claramente por qué un pote de dinero libre de impuestos es mucho mejor que un pote de dinero gravable. En mi opinión ya están listos. Abróchense los cinturones que vamos a arrancar. Sin embargo, a medida que lo hacemos entiendan que éste es el capítulo más técnico de este libro. Puede que necesiten leer un poco más despacio, o que necesiten leerlo dos veces para comprender a fondo el concepto de cómo un seguro de vida les brinda un futuro de ingresos libres de impuesto. No importa cómo la hagan, lo importante es que lo disfruten pues su futuro financiero nunca volverá a ser el mismo.

Existen muchos tipos de seguros de vida permanentes que están disponibles en el mercado; pero el tipo de productos que considero más adecuado para obtener todos los beneficios aquí expuestos se llama Seguro de vida universal. Probablemente ya hayan escuchado acerca de este producto e incluso quizás ya tengan uno. Las compañías de seguros más grandes del mercado han estado ofreciendo este tipo de seguro de vida permanente desde comienzos de la década de los ochenta, cuando hicieron su aparición por primera vez en el mercado.

El seguro de vida universal funciona de la siguiente manera. Al igual que cualquier otro producto de seguros, el beneficiario paga una cierta prima y recibe un cierto monto de beneficios al momento de su muerte. Tradicionalmente, los agentes y las compañías han calculado la prima *mínima* necesaria para llegar a acumular un cierto monto para el momento de pagar los beneficios. Esta es la manera en que las compañías de seguros han podido vender estas pólizas al público – la *mayor* cantidad de seguro de vida por el monto *mínimo* de dinero. Esta es también la razón por la que tantas compañías de seguro de vida han estado en problemas en los últimos años. Cuando una póliza acumula fondos en base al nivel *mínimo de la prima*, suele suceder que no hay dinero suficiente en el fondo de la póliza para mantenerla activa hasta su fecha de vencimiento, que suele ser a los 100 años o más. Adicionalmente, en la década de los 80, cuando los agentes explicaban el funcionamiento de las pólizas basadas en tasas de interés del 12%, el 13% y hasta el 14%, las primas que se cobraban estaban basadas en tasas de interés *proyectadas*. A medida que han transcurrido las últimas dos décadas, sin embargo, las tasas de interés no alcanzaron los niveles proyectados. El péndulo de las tasas de interés se movió completamente hacia el otro lado, dejando a muchas de estas pólizas con fondos mínimos a niveles agonizantes. (Como nota adicional, sin embargo, si los agentes que originalmente vendieron estas pólizas hubiesen ofrecido reunirse de nuevo con sus clientes con regularidad es probable que se hubiesen podido salvar estas pólizas.)

El resultado de estas malas estrategias de venta aunadas a esta anomalía en las tasas de interés a sido que el público prefiera pasar por alto una de las estrategias de acumulación más poderosas que existen.

Permítanme ilustrar las diferencias en las opciones de acumulación de fondos comenzando con lo que el 99% de los clientes de seguros de vida escogen pagar – *la prima mínima*. Si un hombre de 40 años quisiera comprar un seguro de vida por $500.000 y pagar *la prima mínima* que una compañía permite, es probable que tenga que pagar alrededor de $400 al mes – aproximadamente. Si este hombre de 40 años siguiera haciendo este pago de $400 mensuales, podría llegar a acumular un monto en efectivo en su póliza cerca de $250.000 para cuando cumpla los 67 años.

Si seguimos por ese camino, cuando el cliente ha cumplido los 85 años, el valor en efectivo puede haber aumentado potencialmente hasta los $600.000. Y aunque este es un monto sustancial, no es la mejor manera de utilizar esta póliza…ni tampoco la más emocionante. ¿A quién le gusta estar comprando seguros de vida? ¿A quién le gusta estar frente a frente con la perspectiva de su propia muerte?

Seamos sinceros, a nadie le gusta comprar seguros de vida. Muchos lo hacen, algunos hasta por su propia voluntad, pero ¿acaso lo disfrutan? No. ¿Por qué habrían de hacerlo? ¿A quién le gusta tener que gastar su dinero hoy para que alguien más cobre lo beneficios una vez que estén muertos y enterrados? Eso no suena muy emocionante. Yo creo que la mayoría de las personas, incluso aquellas responsables que compran este valioso instrumento de protección para sus familias por su propia y libre voluntad, consideran que los seguros de vida son un mal necesario. De hecho, muchos de mis clientes usan ese mismo término con regularidad.

¿Por qué la gente piensa de esta manera acerca de los seguros de vida? La respuesta es muy sencilla. Hasta ahora todo el enfoque ha estado en los beneficios que recibe la familia luego de que el titular fallece. Sin importar cuán maravillosos sean esos beneficios, los beneficios que un seguro de vida brinda *mientras* la persona está viva son exponencialmente más emocionantes. Como ya he mencionado muchas veces en este libro, la mayoría de los planificadores financieros y agentes de seguros no conocen a fondo el poder de los beneficios disponibles *en vida*.

Demos ahora un giro de 180 grados y hagamos esto divertido – mucho más divertido. Lo primero que quiero que hagan es que de deshagan de cualquier idea preconcebida que tengan acerca de los seguros de vida, ciertas o falsas y empiecen a partir de cero. ¿Cómo se sentirían si en vez de tener que pagar $400 mensuales por un seguro de vida por $500.000 les dijeran que son $1.800 mensuales? Probablemente se ahoguen. Quizás dirán que es demasiado caro, quizás solamente se rían, se pongan de pie y se vayan. (Quizás no, pues son personas educadas.) Sin embargo, si tuvieran cualquiera de esas reacciones eso me permitiría saber que aún miran esto en base a ideas viejas y anticuadas, que les dicen que $1.800 es demasiado dinero por un beneficio de $500.000 al momento de su muerte. Mi respuesta sería veamos esto bajo una nueva perspectiva.

Cuando ustedes colocan $1.800 en cualquier otra cuenta de ahorros, ¿acaso se preguntan, "Será demasiado dinero para una cuenta de ahorros?" Por supuesto que no. ¿Por qué? Porque se trata de ahorrar dinero, no de gastarlo en alguna compra. Sencillamente, están guardando su dinero, con el fin de que crezca y les brinde un mayor beneficio en el futuro. Es más, la posibilidad de ahorrar una gran suma de dinero todos los meses es una perspectiva emocionante, no deprimente. Mientras más ahorran más esperan tener en el futuro, y mientras más tiempo lo dejen crecer y mientras más depositen en la cuenta, mayores serán los frutos del Señor Interés.

Por lo tanto, si este hombre de 40 años contribuyera $1.800 mensuales en una póliza de seguro de vida de $500.000, veamos lo que obtendría a cambio. Dependiendo de las condiciones de la póliza, a los 67 años su valor en efectivo pudiera ser de hasta $1.800.000 con un pago de beneficio al momento de la muerte de $2.300.000. No está mal. Si sigue haciendo contribuciones a la póliza, a los 85 años la misma pudiera tener un valor en efectivo de $8.500.000 y un beneficio pagadero al momento de la muerte de $9.000.000 (los $500.000 originales más el valor en efectivo de $8.500.000). Sorprendente. ¡Ese si es un pote de dinero! Pero quizás se estén diciendo a ustedes mismos, "Un momento. Si ese dinero aún es parte de la póliza, ¿de qué le sirve?"

Aún cuando este dinero es parte de la póliza, sigue siendo su dinero para disponer de él como le plazca, tal y como sucedería con cualquier otra cuenta de ahorros que pudiera tener. No obstante, el factor más significativo en utilizar el poder de los seguros de vida se presenta en el momento de la distribución. La acumulación es fácil, cualquiera puede rellenar de dinero sus cuentas sin siquiera entender todas las ventajas impositivas que el gobierno les brinda a todos los estadounidenses, sin tener en cuenta sus ingresos, edad, o cualesquiera otros factores de discriminación. ¿Les gustaría disfrutar de un retiro completamente libre de impuestos? Entonces lean las siguientes páginas con mucha atención, porque en ellas encontrarán el secreto.

Supongamos entonces que este individuo ha acumulado la máxima cantidad de dinero permitida por las leyes fiscales en su seguro de vida y ahora cuenta con este pote inmenso de dinero esperando que alguien lo use. ¿Cómo puede acceder a él?

Una opción es que sencillamente lo retire. Esta persona puede llamar a la compañía de seguros e informarles que desea cancelar su póliza y ellos le envían los fondos por su valor en efectivo. Si seguimos usando el ejemplo anterior, a los 67 años la compañía de su seguro de vida cancelaría la póliza y le enviaría un cheque por $1.800.000. Sin embargo, deberá contener su emoción. La compañía también le mandaría un registro de este enorme retiro a la agencia de recolección de impuestos. ¿Y adivinen qué? La agencia quiere que le den su parte de ese pastel. En este caso, él depositó $583.00 y sacó $1.800.000, lo que le deja una utilidad neta de $1.216.800. Esta utilidad deberá pagar impuestos tal y como lo haría una distribución de una cuenta IRA. No suena como una buena opción ¿verdad? Pues de hecho no lo es. A una tasa fiscal federal del 35% el trozo del pastel que le tocaría a la agencia de recaudación de impuestos sería de $425.880. Por lo tanto, retirar el dinero de esta manera es tal cual como si lo tuviera en un plan con calificación de impuestos. Es más, sería hasta peor, porque el seguro de vida no le ofrece diferir los impuestos sobre sus contribuciones originales. Por ahora queda claro que este camino no le conviene. ¿Qué otra opción le queda? ¡Una maravillosa!

Las compañías de seguro de vida han establecido una disposición como parte de las características de la póliza que permite que el cliente saque préstamos contra el valor en efectivo. No *de* su valor en efectivo sino *contra* su valor en efectivo. Puede que su primera reacción sea "Eso no suena muy bien, sobre todo si ya estoy retirado. Yo no quiero estar sacando préstamos." Pero qué tal si les dijera que este préstamo cobra muy poco o ningún interés y que no necesitan pagarlo de vuelta mientras estén vivos. ¿Esto les haría cambiar de opinión? Por supuesto que sí. Veamos ahora cómo funciona este préstamo.

Si usamos nuevamente el ejemplo anterior, $583.200 de su pote total de dinero representan los pagos originales de su prima según el contrato. Las leyes fiscales que rigen los seguros de vida establecen que mientras el dueño de la póliza se haya mantenido bajo el monto máximo de la contribución (conocido como el límite del Contrato modificado de póliza de tipo mixto) entonces el primer monto de dinero que se retira de una póliza de seguro de vida puede ser retirado libre de impuestos, bajo la forma de un retiro (no un préstamo) *hasta un máximo del monto total de su contribución.*

En este caso, el cliente podría retirar $583.200 sin tener que pagar impuestos. ¿Por qué? Porque estos dólares ya han pagado impuestos, antes de ser colocados en el contrato; no son más que una devolución de la prima. Sin embargo, esto aún le deja con $1.216.800 con los que debe lidiar. Es en este punto que se utiliza la *disposición de préstamo.*

Supongamos que a los 67 años el valor total en efectivo de la póliza de $1.800.000 pudiera proveer a esta persona de un ingreso anual de $125.000 cada año de su vida hasta cumplir los 100 años. Ya sabemos que esta persona contribuyó $583.200 en pagos de la prima de su póliza, lo que significa que él pudiera hacer *retiros* de $125.000 al año durante cuatro años libre de impuestos, puesto que estos montos tan solo representan la devolución de la prima de su seguro de vida que estuvo pagando durante los últimos 27 años.

Hagamos un alto, ¿Entendieron el efecto de lo que acabo de explicar? Esta persona *contribuyó* dinero a esta póliza durante 27 años y ahora lo sacó en cuatro años. ¿Y saben qué? En muchos casos, la póliza tiene aún *más* dinero después de estos cuatro años de retiros (a la edad de 71 años) de lo que tenía el día en que el titular comenzó a sacar su dinero a la edad de 67 años.

Es entonces en este punto que comienzan las disposiciones de préstamo. En nuestro ejemplo, para el quinto año de los retiros, esta persona podría continuar recibiendo $125.000 al año libre de impuestos de parte de la compañía de seguros, pero este dinero no saldría bajo la forma de un retiro de su póliza; el dinero estaría distribuido como un préstamo de la propia compañía de seguros.

¿Los préstamos pagan impuestos? No. Cuando ustedes pidieron un préstamo para comprar su carro, ¿pagaron impuestos sobre este préstamo? No. El carro tuvo que pagar impuestos, pero el préstamo no. Cuando pidieron un préstamo para comprar su casa, ¿pagaron impuestos sobre este préstamo? No. El caso es el mismo cuando piden un préstamo a la compañía de seguros. La persona de nuestro ejemplo recibiría su préstamo de $125.000 libre de impuestos. Repito, ¡Cero impuestos!

¿Qué sucede entonces? El monto que se recibe en préstamo debe pagar un interés, tal y como sucede con cualquier otro préstamo. Supongamos como ejemplo que la tasa es del 5%. Por lo tanto, ahora le cobran un 5% de interés anual sobre su préstamo de $125.000. Sin embargo, ésta es tan solo la mitad del cuento.

La compañía de seguros de vida luego retira exactamente esa misma cantidad de dinero de su valor en efectivo y lo pone en una cuenta separada que produce entre un 4½ y un 5%. Saquemos entonces las cuentas. Les están cargando un 5% y está ganando entre un 4½ y un 5%. ¿Cuál es el resultado neto? Que el interés neto sobre el préstamo que terminará pagando es de ½% a un 0%. Por lo tanto, ¿qué le permite hacer esto? A través de esta disposición puede continuar accediendo el resto del valor en efectivo durante el resto de su vida, 100% libre de impuestos, a un costo mínimo o inexistente. Mejor imposible. No sólo eso, sino que como su dinero está siendo distribuido como un préstamo, los retiros ni siquiera aparecen reflejados en su declaración anual de impuestos. En lo que a la oficina de recaudación de impuestos concierne, este es un dinero invisible que esta persona puede usar por el resto de su vida completamente libre de impuestos. Tal y como ya dije, es algo hermoso.

El último componente que deben entender es la manera de gravar el beneficio de un seguro de vida a la hora de la muerte del titular, pues es este beneficio el que hace que esta estrategia funcione. Sin el pago del beneficio al momento de la muerte, ni esta estrategia ni este libro existirían.

Al momento de la muerte, el dinero procedente del contrato de seguro de vida se le paga al beneficiario completamente libre de impuesto sobre la renta. Por lo tanto, durante la vida de la persona de nuestro ejemplo, él ha retirado $125.000 libre de impuestos cada año de su vida. Digamos que vive hasta los 87 años. Durante esos 20 años de retiros, ha sacado un ingreso total de $2.500.000 libres de impuestos. Incluso si su tasa de interés neta es de ½% y ha sacado un ingreso total de $2.500.000 libres de impuestos, para el momento de su muerte podría haber pagado el préstamo en su totalidad y *aún contar con $2 millones adicionales* en su cuenta (dependiendo del tipo de póliza y de las opciones elegidas) que les serían pagados a sus beneficiarios libres de impuesto.

¿Qué significa esto? Significa varias cosas muy importantes. Primero, significa que pudo vivir todo su retiro sin tener que pagarle al gobierno ni un centavo del dinero que ganó con el sudor de su frente. Segundo, significa que a su muerte se paga el préstamo con una *porción* del pago correspondiente al beneficio al momento de la muerte. Tercero, una vez que el préstamo haya sido cancelado, aún queda una cantidad importante del pago por concepto del beneficio al momento de la muerte a ser distribuido entre sus beneficiarios (esposa, hijos, obras de caridad, quien sea); en este ejemplo en particular, podríamos estar hablando de unos $2.000.000 adicionales en dinero libre de impuesto sobre la renta que iría a parar a sus beneficiarios *después* de haber cancelado en su totalidad el préstamo libre de impuestos.

En mi opinión, mejor imposible. Dinero libre de impuestos en vida y dinero libre de impuestos como herencia a quien ustedes elijan luego de su muerte.

En este momento están deseosos de hacer dos preguntas. "Muy bien, ¿cuál es el truco?" Y "Si esto es tan bueno, ¿Cómo es que todo el mundo no lo hace?"

A estas dos excelentes preguntas sólo les puedo responder que no hay ningún truco. Hay un elemento de precaución que les voy a presentar a continuación, pero no hay ningún truco. Siempre y cuando entiendan que están comprando un seguro de vida – esto no es como los otros planes de ahorros – entonces no hay ningún truco. La mayoría de las personas necesita tener un seguro de vida de todos modos, así que comprar uno bajo este formato es una buena manera de obtener el seguro de vida que necesitan y los beneficios fiscales que ni siquiera sabían que existían.

¿Por qué todo el mundo no ahorra su dinero de esta manera?

La razón principal es que la mayoría de las personas desconoce que existe esta posibilidad. Esta es precisamente la razón por la que he escrito este libro. Durante demasiado tiempo este maravilloso beneficio ha permanecido oculto de la mayoría de los norteamericanos.

La segunda razón es que esta estrategia no es para todo el mundo. Aún cuando está *abierta* a todo el mundo que califique para un seguro de vida, es más apropiada para ciertos grupos específicos: aquellas personas que actualmente contribuyen a un plan de retiro con calificación de impuestos como un 401(k), SEP, SIMPLE, IRA, etcétera, aquellos que tienen muy altos ingresos o para aquellas personas que desean ahorrar más de unos miles de dólares al año en un ambiente libre de impuestos.

En la siguiente sección me dedico a explorar cuatro aplicaciones individuales específicas y la razón por la cual un seguro de vida como vehículo para el retiro es adecuado para cada uno de estos casos.

Sin embargo, antes de pasar a estas aplicaciones, anteriormente hice mención de que existe una precaución con este plan que no puede ni debe ser ignorada. La precaución es la siguiente. Debido a que es el pago libre de impuestos de beneficios por muerte del titular lo que permite que esta estrategia funcione, es ***imperativo*** que la póliza tenga validez hasta el momento de la muerte del asegurado. Puede que suene muy elemental, pero es un detalle demasiado importante para no subrayarlo. La razón por la que la póliza debe mantenerse vigente es que si la póliza se vence, o si el titular la cancela entonces todo el dinero que ha sido retirado en forma de préstamo libre de impuestos pasa a ser gravable y créanme cuando les digo que esta es una deuda fiscal que no querrán tener que ver ¡*jamás*! Por lo tanto, ¿qué pueden hacer para asegurarse que la póliza se mantiene vigente? Muy sencillo.

Primero, no saquen demasiado dinero. Cuando su agente les muestre ejemplos de ingresos, asegúrense que los ejemplos muestran lo necesario hasta la edad de 100 años. No permitan que alguien les muestre mejores proyecciones de ingreso que llegan solo hasta los 90 o 95 años. Así mismo, si piensan que existe la posibilidad de que vivan más allá de los 100 años, entonces saquen menos de lo que el ejemplo recomienda.

Segundo, revisen su póliza anualmente con la persona que se las vendió. Si su póliza tiene un retorno inferior al que el ejemplo predijo, entonces saquen menos dinero durante un par de años hasta que se nivele.

Como nota aparte, asegúrense de comprar esta póliza a través de agente reconocido y de buena reputación quien comprende ***a*** _fondo_ la manera en que esta estrategia funciona. No compren este tipo de póliza por internet o llamando a un número 800. Necesitan contar con la asistencia personal de un individuo calificado que pueda ayudarles a elegir la mejor estrategia de distribución posible.

En realidad no hay nada de que estar preocupados. Lo único que necesitan es tener precaución y discernimiento en el momento de establecer un plan exitoso de distribución para el futuro.

*Las cifras que se utilizan en los ejemplos de este capítulo (costo, valor en efectivo y beneficios al momento de la muerte) son ficticias y no representan ningún tipo de póliza o compañía en particular. Las cifras se usan exclusivamente con el fin de presentar un concepto y no para propósitos ilustrativos. Cualquier similitud de estas cifras con una póliza real es mera coincidencia. Los resultados reales de la póliza pueden y muy probablemente variarán en forma positiva o negativa dependiendo de la compañía, del tipo de póliza y de las características elegidas.

Parte V: Aplicaciones Individuales

20

Retiro Libre de impuestos para médicos

Los próximos cuatro capítulos deseo dedicarlos a explorar aplicaciones específicas para diferentes grupos de individuos que pienso serían los más beneficiados si aplican esta estrategia.

Quiero comenzar esta sección refiriéndome a los médicos por dos razones. La primera razón es personal, pues yo soy hijo de un médico. Mi padre se retiró hace siete años después de practicar la medicina en el noreste de los Estados Unidos durante más de treinta y cinco años. Era un gran doctor, apreciado por sus pacientes, el personal de los hospitales donde trabajó y sus colegas y al igual que todos los doctores, le entregó la vida a su profesión. Ser el hijo de un médico me resultó beneficioso de muchas maneras. Pude ver de primera mano el significado de una gran ética de trabajo y pude entender la importancia de conocer bien la profesión que ejercemos. Pero sobre todo, tuve la gran suerte de crecer rodeado de gente realmente maravillosa. Casi todos nuestros allegados eran familias que pertenecían a la comunidad médica. Llegué a conocer muy bien a los doctores y aunque elegí no seguir los pasos de mi padre, deseo devolver algo importante a esta comunidad de individuos a quienes debo el ser la persona que hoy soy. Adicionalmente, a medida que he experimentado junto a mi padre los primeros años de su retiro, la imagen financiera que he presenciado, tanto para él como para otros miembros de esta comunidad, ha sido una de las principales razones de mi deseo de brindar al público este libro.

Si mi primera razón es personal, mi segunda razón es más práctica. Los doctores tienen muchas características singulares y en mi opinión son estas cualidades singulares las que hacen que este grupo sea uno de los que más se beneficiaría de las estrategias expuestas en este libro. En este capítulo deseo explorar cuatro realidades claves que hacen que los médicos sean un grupo particularmente adecuado para beneficiarse al máximo de esta estrategia. Las cuatro razones son:

Razón #1 – Muchos médicos producen más de $160.000 al año, que es el punto de límite para poder contribuir a una cuenta Roth IRA. Por lo tanto, no cuentan con una opción de retiro libre de impuestos aparte de un seguro de vida. E incluso para aquellos médicos que producen menos del punto de límite, una cuenta Roth IRA tan solo permite contribuir un monto muy bajo cada año.

Razón #2 – Los doctores son especialistas. Han entregado sus vidas para ser los mejores en su campo – y lo son. Sin embargo, este nivel de especialidad deja muy poco tiempo disponible para actividades menos urgentes, como planear su propio retiro.

Razón #3 – Los doctores suelen ser víctimas de estafadores en el campo financiero que les ofrecen estrategias de inversión en productos mal diseñados y mal construidos que según ellos brindan excelentes retornos.

Razón #4 – Por regla general, los doctores necesitan un buen seguro de vida por tres razones. Una, necesitan proteger un ingreso alto para sus familias. Dos, normalmente tienen muchas deudas como resultado de los préstamos estudiantiles para pagar su costosa educación y de los bajos salarios recibidos durante sus años como residentes e internos. Tres, los doctores como grupo, tienen una de las expectativas de vida más bajas de cualquier profesión.

Este es un vistazo general. A continuación me gustaría referirme en detalle a cada una de estas razones.

Razón #1 – Muchos médicos producen más de $160.000 al año, que es el punto de límite para poder contribuir a una cuenta Roth IRA. Por lo tanto, no cuentan con una opción de retiro libre de impuestos aparte de un seguro de vida. E incluso para aquellos médicos que producen menos del punto de límite, una cuenta Roth IRA tan solo permite contribuir un monto muy bajo cada año.

La mayoría de los médicos cuentan con altos ingresos y en mi opinión se merecen cada dólar que ganan. Muy pocos profesionales invierten tanto, durante tanto tiempo, para brindar un servicio tan maravilloso al mundo entero. A diferencia de los que trabajamos en otros campos, los doctores no pueden darse el lujo de tener un mal día. Un mal día en su caso puede ser mortal y esto pone mucha presión sobre estos profesionales, una presión que la mayoría de nosotros elige no aceptar y que merece ser bien compensada.

¿Y cómo recompensa nuestro sistema fiscal a estos individuos que aceptan vivir con la presión de mantenernos sanos? Los castiga, no permitiéndoles contribuir en una de las únicas inversiones libres de impuestos que se ofrecen al público – una cuenta Roth IRA. ¿La razón? Que ganan demasiado dinero.

Sin embargo, incluso si los médicos pudieran contribuir a una cuenta Roth IRA, la misma sería insuficiente para proveer los ingresos necesarios para mantener durante los años del retiro el estilo de vida al que se acostumbraron durante sus años de trabajo.

Entonces, ¿qué otra opción les queda? Los médicos, al igual que otros profesionales de altos ingresos, pueden contribuir a alguno de los muchos planes de retiro con calificación de impuestos disponibles. Muchos grupos médicos y corporaciones establecen sus propios planes de pensión y pago de utilidades, pero estos se rigen por las mismas reglas de los otros planes con calificación de impuestos a los que nos referimos anteriormente en este libro. Adicionalmente, cada uno de estos planes tienen topes de contribución que pueden estar muy por debajo de lo que se necesita para acumular un fondo de retiro adecuado, especialmente tomando en consideración cuánto del mismo va a ir a dar a las arcas de la agencia de recolección de impuestos en el momento de hacer un retiro.

El otro problema que he visto en el caso particular de los médicos es que la mayoría cuenta con muy pocas deducciones comerciales. Con frecuencia se ven afectados por los aspectos más negativos de ser dueños de su propio negocio, como tener que trabajar largas horas, tener mucha responsabilidad y tener que llevar los libros de su propio consultorio médico; a pesar de lo anterior, los médicos cuentan con muy pocas, por no decir ninguna, de las ventajas financieras con las que cuentan la mayoría de las personas que son dueñas de sus propios negocios. Es mi opinión que esta falta de deducciones comerciales es una de las razones principales por las que los doctores invierten su dinero en planes con calificación de impuestos. Lo anterior se justifica muy fácilmente. Aparte de las deducciones personales normales (que también terminan por desaparecer debido al alto nivel de ingresos), es probable que el plan con calificación de impuestos sea una de las escasas deducciones que un médico puede presentar en su declaración de impuestos. Tomando en consideración el monto de la cuenta que por concepto de impuestos los médicos deben pagar cada año, esta es una tentación que es muy difícil de resistir. Sin embargo, debo repetir, la mayoría nunca se ha detenido a examinar lo que realmente significa su decisión de contribuir a un plan con calificación de impuestos, especialmente en los años en que estén retirados y ya no trabajen más. Ciertamente no se trata del tipo de información que el administrador de su plan desea compartir – a estos últimos se les paga en base a los activos que administran. Tampoco se trata del tipo de información que el gobierno desea compartir – tienen el ojo puesto en lo que les va a tocar por concepto de impuestos. Y finalmente, no se trata de algo que el propio médico puede detenerse a pensar – está demasiado ocupado salvándoles la vida a sus pacientes.

Detengámonos por un minuto para preguntarnos por qué el gobierno castiga a los que más producen, como los médicos. Es muy sencillo. El gobierno desea que los médicos le inyecten miles de millones de dólares a sus planes con calificación de impuestos porque estos miles de millones de dólares ahorrados representan cientos de miles de millones (o más) acumulados en el futuro a los que el gobierno eventualmente tendrá acceso. Además, considerando que es posible que la tasa fiscal futura alcance el 50% o más sobre cada dólar que se retira de estas cuentas, el gobierno se ha dado cuenta de que ésta es la opción que más conviene a sus intereses. Tal y como ya les he preguntado antes, ¿los doctores están pagando por el retiro de quién, del gobierno o el suyo propio? Lo pone a uno a pensar.

Aparte de los planes de retiro con calificación de impuestos, los médicos cuentan con otras alternativas de inversión, pero la mayoría son o muy complicadas, como los bienes raíces, o no ofrecen las ventajas fiscales necesarias y pueden generar el pago de más impuestos anuales.

Por lo tanto, desde el punto de vista de las alternativas de inversión viables que están disponibles a los médicos, nos queda tan solo una opción. Afortunadamente, es la mejor opción - ¡Un seguro de vida! Por las razones que ya discutimos en la sección IV, *La solución*, un seguro de vida es el vehículo más beneficioso en términos de la planificación de retiro a largo plazo con que cuentan los médicos.

Un seguro de vida ofrece un potencial de contribución ilimitado, basado en el tamaño de la póliza. Brinda crecimiento anual sin pagar impuestos. No requiere de tiempo para su administración, ofrece una enorme suma de dinero a la familia del médico en caso de una muerte inesperada y lo mejor de todo, si se estructura adecuadamente, se puede retirar todo el dinero libre de impuestos.

Ojalá alguien hubiera escrito este libro hace 25 años para beneficio de mi padre y de todos los otros dedicados profesionales de la medicina que desde entonces se han retirado. Les hubiera servido de mucho. Sin embargo, mi papá hizo lo que tantos otros médicos han hecho – guardó tanto como la ley le permitió en su plan con calificación de impuestos y aunque el pote de dinero de mi papá creció hasta tener una buena suma, aún se sorprende de ver los efectos desastrosos que los altos impuestos y la falta de deducciones tienen sobre su ingreso durante sus años de retiro. Desde un punto de vista financiero, daría lo que no tiene por poder disfrutar de sus ingresos para el retiro libres de impuestos.

Razón #2 – Los doctores son especialistas. Han entregado sus vidas para ser los mejores en su campo – y lo son. Sin embargo, este nivel de especialidad deja muy poco tiempo disponible para actividades menos urgente, como planear su propio retiro.

Considerando los horarios que los doctores le dedican a sus trabajos, sencillamente no les queda tiempo de investigar cada oportunidad de inversión con el fin de evaluar la proporción de riesgo-recompensa. A los médicos les convendría más limitarse a una estrategia que funciona, especialmente si la misma elimina todas las cargas fiscales futuras.

Razón #3 – Los doctores suelen ser víctimas de estafadores en el campo financiero que les ofrecen estrategias de inversión en productos mal diseñados y mal construidos que según ellos brindan excelentes retornos.

Resulta divertida la manera en que ciertos recuerdos de la infancia permanecen claramente grabados en la memoria. En mi caso, los recuerdos se relacionan con las pocas inversiones fallidas que mi padre intentó por su cuenta. Aún cuando nunca me incluyó en su toma de decisiones, yo observaba todo desde la distancia. Sociedades limitadas que terminaron mal, bonos chatarra que no cumplieron lo prometido, bienes raíces que se mantenían en época de recesión y que se vendieron demasiado temprano. Cada una de estas oportunidades de inversión, aparentemente legítimas provenían de amigos o familiares. Cada una ofrecía retornos espectaculares. Y todas fallaron miserablemente.

Hay muchas razones por las que los doctores son el blanco perfecto para este tipo de inversiones. Los médicos tienden a ser muy confiados y ya que son expertos en su área, piensan que las demás personas también lo son. Sin embargo, como ya se han dado cuenta, este no es el caso.

Además, generalmente cuentan con suficientes fondos adicionales para permitirse el riesgo y aquellas personas que buscan hacer estos tratos con frecuencia se aprovechan de este conocimiento.

Razón #4 – Por regla general, los doctores necesitan un buen seguro de vida por tres razones. Una, necesitan proteger un ingreso alto para sus familias. Dos, normalmente tienen muchas deudas como resultado de los préstamos estudiantiles para pagar su costosa educación y de los bajos salarios recibidos durante sus años como residentes e internos. Tres, los doctores como grupo, tienen una de las expectativas de vida más bajas de cualquier profesión.

Uno esperaría que los doctores supieran mejor que nadie lo importante que es estar bien protegido. Cada semana son testigos de los devastadores resultados de lo que le sucede a una familia cuando pierde a su principal fuente de sustento y aún cuando en gran parte los médicos hacen un mejor trabajo protegiéndose de lo que lo hace el público en general, con frecuencia encuentro que están asegurados *por debajo* de sus necesidades en cuanto a seguro de vida se refiere.

Como regla general, un individuo necesita entre siete y diez veces su ingreso anual en cobertura de seguro de vida para poder proteger a su familia en caso de muerte. Obviamente, mientras más grande sea la familia y más extravagante el estilo de vida más dinero hará falta. Incluso he visto estadísticas que sugieren que el sostén de la familia tenga hasta 14 veces el monto de su ingreso anual en seguro de vida para proteger a su familia adecuadamente. Sin importar cuál es el monto correcto, hay algo que he observado que es cierto – la mayoría de los doctores necesitan más seguro de vida de lo que tienen. En el pasado, esta necesidad pesaba como un ancla financiera alrededor de sus cuellos, sin embargo, ahora que entienden este nuevo modo de utilizar su seguro de vida, pueden entender que mientras más seguro de vida compran, más dinero acumulan para su retiro.

21

Retiro libre de impuestos para empresarios

En el último capítulo mencioné que parte de mi motivación para escribir este libro era servir a la comunidad médica de la que mi padre había sido parte durante muchos años maravillosos. Otra de las razones era abordar las serias necesidades de los pequeños empresarios, quienes en mi opinión son los marginados del espectro financiero. Esto lo sé porque yo pertenezco a este grupo de individuos. Somos los ignorados, los olvidados, debemos defendernos por nuestros propio medios y ¿por qué? Muy fácil. La mayoría de los especialistas en beneficios creen que no vale la pena ocuparse de nosotros. Tengo amigos que son dueños de una compañía de beneficios para los empleados y me han dicho en más de una oportunidad que trabajar con un negocio que tenga menos de cien empleados no vale su esfuerzo ni su tiempo. Los grupos de cien empleados o más no son mucho más trabajo que un pequeño grupo de cuatro personas, sin embargo las ganancias que los grupos grandes representan para su compañía son significativas, como pueden imaginar. Por lo tanto,

desde un punto de vista comercial, sus esfuerzos tiene sentido –
para *su propio* bolsillo.

No obstante, lo anterior ha dejado un vacío en el mercado.
¿De qué manera se manifiesta ese vacío? ¿Acaso les sorprendería saber que la gran mayoría de los pequeños empresarios no
cuentan con planes de retiro para sí mismos? Nada. Están conscientes de que deberían y de que el tiempo vuela, pero hacen lo
mismo que hacemos todos, dejan la decisión para otro momento.
Desafortunadamente, el futuro se las arregla para llegar cuando
menos lo esperamos y es entonces que muchos empresarios se ven
a sí mismos listos para retirarse pero no cuentan con los medios
financieros para hacerlo.

Pienso que existen razones específicas por las que es más difícil para un pequeño empresario comenzar a ahorrar su dinero para
el retiro de lo que es para otros profesionales.

Primero, como el dinero es escaso al comienzo, el empresario
no se hace el hábito del ahorro desde un principio. Segundo, estos
empresarios no le interesan a nadie. Deben defenderse por sí mismos en la jungla financiera. Una vez que tiene éxito comienzan
a ser interesantes, pero para ese entonces ya están muy cerca del
retiro y no tienen dinero ahorrado; o dependen completamente de
los ingresos del negocio o de su venta subsiguiente, para proveer
los fondos para su retiro.

En tercer lugar, los negocios suelen ser grandes consumidores.
Siempre hay algo que requiere de más dinero, bien sea más empleados para poder crecer, más mercadeo, más inventario, nuevos
mercados que explorar, investigación y desarrollo de productos, la
lista es larga. Lo que sucede con frecuencia es que el dueño es el
último de la lista en ser remunerado. El problema es que cuando
esto finalmente sucede, ya hay una larga lista de prioridades financieras reclamando su atención que ahogan el susurro del fondo de
retiro.

Cuarto, igual que en el caso de los médicos, la mayoría de los empresarios comienzan su negocio endeudándose y esta deuda se come sus márgenes de ganancia durante muchos años antes de que haya suficiente dinero disponible para comenzar a ahorrar.

Quinto, la mayoría de los empresarios se encuentran tan inmersos en la tarea de arrancar y administrar sus empresas que no se han tomado el tiempo de investigar en dónde colocar su dinero, si lo tuvieran.

Finalmente, sexto, muchos empresarios que están en la capacidad y de hecho ahorrarían dinero para su retiro no desean usar los planes con calificación de impuestos porque si lo hacen para ellos mismos, esto significa que deben hacerlo para sus empleados también. Esto no les cae muy bien a los empresarios, especialmente si el negocio está bajo de fondos.

Por lo tanto, ¿De qué manera puede el uso de un seguro de vida superar todos estos obstáculos? Veámoslo a continuación.

Un factor común en las seis razones anteriormente mencionadas es el tema de la deuda. Los pequeños empresarios generalmente incurren en deudas sustanciales y aún cuando la siguiente declaración es una generalización que no puedo comprobar, pienso que es cierta. La generalización es la siguiente: La gran mayoría de los empresarios tiene familia. ¿Acaso la mezcla de esos dos factores es causa de alarma? Para mi ciertamente lo es, pero yo estoy en el negocio de manejo de riesgo. Para mí, la combinación de deuda con cargas familiares se traduce en la necesidad de una sola cosa – seguro de vida. Obviamente la necesidad de un seguro de vida en este primer caso no tiene nada que ver con los ingresos para el retiro; sin embargo, tiene todo que ver con mantener nuestras promesas a nuestros seres queridos en caso de faltar nosotros.

Y aunque los médicos como grupo están *moderadamente* sub-asegurados, en mi opinión los pequeños empresarios están *inmensamente* sub-asegurados y en muchos casos *ni siquiera están ase-*

gurados. ¿Por qué? Por las mismas razones ya descritas – poco flujo de dinero en el negocio y falta de atención por parte de la comunidad financiera.

Entonces, ¿Por qué es un seguro de vida *la perfecta solución para el retiro en el caso de los empresarios*? Permítanme resaltar las razones antes de irnos al detalle.

Razón #1 – Los empresarios necesitan un seguro de vida para cubrir su deuda comercial y para proteger a sus familias en caso de su fallecimiento. Por lo tanto, tener una póliza de seguro de vida no es algo *adicional*, sino más bien algo que debería ser estándar en el portafolio de todos los empresarios.

Razón #2 – El negocio por sí mismo normalmente le ofrece suficientes deducciones durante la fase de acumulación de la vida del empresario, por lo tanto el deseo de deducciones fiscales adicionales, como por ejemplo, un plan con calificación de impuestos, se ve minimizado. La otra cara de la moneda es que una vez retirados, los empresarios se encuentran sin deducciones, pues ya han vendido el negocio – lo que maximiza su necesidad de contar con ingresos que ofrezcan ventajas fiscales durante el retiro.

Razón #3 – Puesto que un seguro de vida no se considera como un plan con calificación de impuestos según la oficina de recaudación, el empresario no tiene la obligación de establecer un plan similar para sus empleados.

Razón #4 – No hay límite sobre cuánto se puede ahorrar en un seguro de vida – excepto lo que establece el mismo contrato. Puesto que el ingreso por concepto de negocios puede variar dramáticamente a lo largo de los años, esta flexibilidad puede ser una gran ventaja.

Razón #5 – Es sencillo y fácil. No hay que llevar registros por separado o llenar declaraciones de impuesto. Es más, el gobierno ni siquiera sabe de la existencia de estas pólizas individuales. No existe obligación de reportarlas.

Razón #6 – Brinda liquidez instantánea (por apenas unos centavos sobre cada dólar) a los herederos del dueño o a su sucesión si el dueño decide quedarse con el negocio hasta su muerte.

La lista es bastante significativa y toso esto es adicional al hecho ya establecido de que los seguros de vida ofrecen la estrategia de inversión con las mayores ventajas impositivas, bajo mantenimiento y mayor liquidez.

Razón #1 – Los empresarios necesitan un seguro de vida para cubrir su deuda comercial y para proteger a sus familias en caso de su fallecimiento. Por lo tanto, tener una póliza de seguro de vida no es algo adicional, sino más bien algo que debería ser estándar en el portafolio de todos los empresarios.

La primera razón se explica por sí sola y ya la hemos visto en los párrafos anteriores. Los empresarios necesitan tener un seguro de vida. ¿Por qué? Para cubrir sus deudas y para que sus familias puedan continuar manteniendo su estilo de vida si ellos llegara a faltar.

Razón #2 – El negocio por sí mismo normalmente le ofrece suficientes deducciones durante la fase de acumulación de la vida del empresario, por lo tanto el deseo de deducciones fiscales adicionales, como por ejemplo, un plan con calificación de impuestos, se ve minimizado. La otra cara de la moneda es que una vez retirados, los empresarios se encuentran sin deducciones, pues ya han vendido el negocio – lo que maximiza su necesidad de contar con ingresos que ofrezcan ventajas fiscales durante el retiro.

Dirijamos nuestra atención al problema de las deducciones fiscales para los pequeños empresarios. Si ustedes son dueños de su propio negocio ya saben que los gastos nunca son un problema y en su mundo, los gastos son equivalentes a deducciones a la hora de los impuestos. La *reducción* del ingreso no es el problema – la *creación* del mismo si lo es. Es más, existen negocios cuyo margen de ganancia se va entero en pagar los gastos. Si ustedes son empresarios, saben muy bien que su situación no es ni parecida a la de los médicos, quienes tienen altos ingresos pero muy pocas deducciones. De hecho su situación no está ni siquiera en la misma dimensión que la de los médicos. Su problema es exactamente el contrario, demasiados gastos y muy poco ingreso.

Por supuesto, en este caso estamos generalizando, pues yo conozco muchos empresarios ricos cuyos ingresos son muy superiores a los de cualquier médico del planeta. Para diferir sus impuestos actuales, muchos de estos exitosos empresarios contratan a los más poderosos contadores y abogados a fin de que diseñen mecanismos legítimos dentro de sus negocios que les permitan minimizar sus ingresos personales actuales. Una vez más, se trata tan solo de una técnica de diferimiento, no de una técnica que permita evitar los impuestos. Sin embargo, ¿qué sucede cuando diferimos el pago de los impuestos? Que estos se ajustan y se hacen aún peores.

De manera tal que tanto los pequeños como los grandes empresarios tiene este factor en común – la reducción de sus impuestos en el presente no es una prioridad, pues esto lo pueden lograr de muchas otras maneras. Lo que *sí es* una prioridad es contar con un plan de ahorros flexible en el que puedan colocar sus futuras ganancias y que esté diseñado para evitar impuestos cuando más cuenta – una vez que el dueño haya vendido su negocio o cuando los gastos ya hayan desaparecido.

Por lo tanto, ¿qué significa esto en términos de un seguro de vida? ¡Que son tal para cual! Como ya explicamos anteriormente, un seguro de vida no brinda la posibilidad de deducir las contribuciones de los impuestos hoy en día, pero si se planifica adecuadamente, puede ofrecer un ingreso libre de impuestos para cuando el empresario más lo necesite.

Razón #3 – Puesto que un seguro de vida no se considera como un plan con calificación de impuestos según la oficina de recau-

dación, el empresario no tiene la obligación de establecer un plan similar para sus empleados.

La maravilla de un seguro de vida es ésta – _no_ se trata de un plan de retiro con calificación de impuestos en lo que al gobierno federal se refiere. Por lo tanto, no cae bajo las regulaciones de los planes con calificación de impuestos; esto le permite al empresario decidir a quiénes les va a financiar el retiro. Si un patrón quiere crear un fondo de ahorros para sus empleados, lo puede hacer. Sin embargo, si el empresario se encuentra en una posición que no le permite hacerlo, o si no lo desea, no está en la obligación. La clave es esta – el empresario es libre de decidir. A nivel federal no existen regulaciones que lo obliguen a crear uno de estos fondos. ¡La decisión depende de sí mismo!

Si ustedes son empresarios, déjenme preguntarles, ¿Acaso no fue para tener el poder de tomar sus propias decisiones que se decidieron a montar su propio negocio?

Justo lo que yo pensé.

Razón #4 – No hay límite sobre cuánto se puede ahorrar en un seguro de vida – excepto lo que establece el mismo contrato. Puesto que el ingreso por concepto de negocios puede variar dramáticamente a lo largo de los años, esta flexibilidad puede ser una gran ventaja.

Cuando un empresario vende su negocio, ¿qué hace con las ganancias? Buena pregunta ¿verdad? La mayoría de los empresarios nunca se detiene a hacerse esta pregunta pues están muy ocupados tratando de crear su propio negocio para un día poderlo vender. Sin embargo ahora que les he hecho esta pregunta, dediquémosle un minuto a pensar en ella. ¿Dónde puede invertir un empresario las ganancias procedentes de la venta de su negocio que le ofrezca un estatus con incentivo fiscal?

¿Acaso puede colocar este dinero en un plan de retiro con calificación de impuestos? No. ¿Qué tal un plan de pensión o de distribución de ganancias? Doblemente no. ¿Una cuenta Roth IRA? Nuevamente no. ¿Por qué? Porque cada uno de estos planes tiene límites pre-establecidos de contribuciones y si las contribuciones no se depositan en el año en curso en el cual se ofrecen, entonces se pierden para siempre. Por lo tanto, ninguno de los planes ya descritos es adecuado para recibir las grandes sumas de dinero que pudieran resultar de la eventual venta de un negocio.

Sin embargo, quiero repetir una vez más, que este no es el caso con un seguro de vida. El seguro de vida no solamente ofrece un plan completamente flexible que le permite a un empresario depositar montos diferentes de un año a otro, sino que también le permite *ponerse al día con cualesquiera contribuciones con las que se haya atrasado* si su flujo de caja mejora en el futuro. Y un detalle aún más importante, se puede estructurar de manera de crear un pote lo suficientemente grande para que quepan parte, la mayoría o todas las ganancias por concepto de la eventual venta del negocio, permitiéndole al empresario poner a trabajar esas ganancias con ventajas fiscales.

Razón #5 – Es sencillo y fácil. No hay que llevar registros por separado o llenar declaraciones de impuesto. Es más, el gobierno ni siquiera sabe de la existencia de estas pólizas individuales. No existe obligación de reportarlas.

Lo último que un empresario necesita es tener que llevan más registros. Administrar un negocio es un trabajo a tiempo completo. Piensen en todos los libros que hay que llevar – impuestos federales, impuestos estatales, impuestos comerciales y profesionales, seguridad laboral, de empleo e industrias, llevar el inventario, calcular la nómina, recopilar los presupuestos de mercadeo y los pronósticos de venta además de un millón de cosas más. Lo último que un empresario necesita o desea es tener que llevar más registros o llenar más formularios.

Permítanme que se los ponga más fácil. Si se usa adecuadamente, un seguro de vida no requiere que el titular lleve ningún registro. Eso fue lo que dije – ninguno.

Baste decir que no hay ninguna otra alternativa razonable que ofrezca algo siquiera parecido a la sencillez de los requerimientos de registros de un seguro de vida. Existen muchos otros planes que son más complicados que los presupuestos del congreso.

Una vez más, un seguro de vida es algo hermoso. No tiene requerimientos de reporte. Cuando se retiran y comienzan a sacar el dinero de su póliza, lo único que necesitan hacer es decirle a su compañía cuánto necesitan y como el dinero sale bien sea como un retorno de la prima original que ya pagaron o como un préstamo, *no existe la necesidad de llevar registros y no hay que pagar impuestos.* Ciertamente es lo mejor de ambos mundos. ***¿Por qué habrían de elegir otra opción que no fuera un seguro de vida?***

Razón #6 – Brinda liquidez instantánea (por apenas unos centavos sobre cada dólar) a los herederos del dueño o a su sucesión si el dueño decide quedarse con el negocio hasta su muerte.

Si les dijera que les doy un dólar por cada tres centavos que me dieran ustedes a mí, ¿lo harían? ¿Cuántas veces lo harían? ¿Qué tal si yo les dijera que pueden hacer el intercambio tantas veces como quieran? Si son inteligentes, lo harían todas las veces humanamente posibles. Entregarían unos cuantos centavos y obtendrían dólares a cambio. No es un mal método de generar riqueza en muy corto plazo.

Bienvenidos al maravilloso mundo de los seguros de vida. En sus términos más básicos, se trata sencillamente de cambiar centavos por dólares. Como empresario, eso es música para mis oídos.

Quizás sus planes como empresarios no incluyan el retiro, o la venta del negocio. En lugar de ello, ustedes decidieron seguir el mismo camino que miles de empresarios antes de ustedes ya han seguido. Planean seguir generando ingresos a través de su negocio hasta el momento de su muerte y luego dejárselo a sus hijos como herencia. Este es un excelente plan que con frecuencia funciona muy bien. Hay tan solo un obstáculo en su camino. Los impuestos.

Para el momento de su muerte el valor de sus intereses individuales en el negocio pasará a formar parte de su sucesión y como tal, deberá pagar impuestos y muchos. La mayoría de los padres lo suficientemente generosos para dejarles a sus hijos el negocio familiar, no son el tipo de personas capaces de sobrecargar a estos mismo hijos con enormes deudas en impuestos que no pueden pagar.

La pregunta es ¿cómo evitar los impuestos? La realidad es que no se puede. Es cierto que existen métodos muy complicados de traspasar el negocio a los herederos antes de la muerte que pueden ayudar con el panorama fiscal, pero los mismos tienden a complicarse. Además, para ser sinceros, la mayoría de los negocios no dedican su tiempo y su dinero a explorar estas opciones. La mayoría de los empresarios mueren como dueños únicos de sus negocios y el valor del negocio se suma a su sucesión, por lo que los hijos, en su papel de futuros dueños, tienen que conseguir amplias sumas de efectivo para pagar los impuestos que les permitan encargarse del negocio familiar. ¿De dónde van a sacar este dinero? En el caso de la mayoría de los empresarios, han invertido los ahorros de toda su vida para tener un patrimonio y no han logrado acumular grandes cantidades de efectivo para cubrir este tipo de necesidad, por lo que la sucesión suele tener poca liquidez y mucho futuro. Esto es, a menos que el dueño haya comprado un seguro de vida *permanente*.

La razón por la que un seguro de vida permanente es mucho más adecuado que un seguro de vida a término en estas circunstancias es que muchos empresarios viven mucho más años de los que cubre su póliza a término. Si el titular sobrevive la cobertura, entonces el seguro no sirve para nada. No solamente habrán desperdiciado un montón de dinero en la prima, sino que al final terminarán con las manos vacías. No suena como la más inteligente de las opciones.

Por lo tanto, incluso si viven una larga vida y no tiene planes de usar su seguro de vida como instrumento de ahorros para el retiro, la necesidad que como empresarios tienen de un seguro de vida permanente es aún muy significativa, es como comprar dólares al precio de unos centavos, y esto es música para los oídos de los empresarios.

22

Retiro libre de impuestos para las personas que contribuyen a un plan con calificación de impuestos, personas de altos ingresos (y para todos los demás)

Evidentemente, las aplicaciones individuales tienen muchos puntos en común entre sí. Hubiera sido mucho más fácil para mí identificar seis o siete grupos específicos y dedicarle un capítulo a cada uno. Sin embargo esto representaba un peligro pues podía terminar por convertirse en una monótona repetición de puntos similares, capítulo tras capítulo. Los médicos tienen algunas características singulares, como las tienen los empresarios, pero ninguna de estas características son exclusivas ni de los médicos ni de los empresarios. Es muy probable que mientras leían los últimos dos capítulos hayan encontrado características similares a su propia experiencia.

Por lo tanto, la pregunta a la que me enfrentaba en este punto era, "¿Cómo puedo capturar todas las aplicaciones restantes sin tener que estirar esta sección para incluir seis o siete capítulos adicionales y repetitivos que se adapten a cada necesidad individual?"

Decidí que la mejor solución era resaltar las características primordiales en un formato que fuera fácil de repasar.

Pienso que las ideas y principios que presento en este libro pueden ser beneficiosos para casi todo tipo de personas. Por esta razón, en mi primer borrador este capítulo se llamaba *Retiro libre de impuestos para todos los demás*. Si bien este título era cierto, entendí que los principios de este libro aplican a tres grupos de personas en particular...

- Personas que contribuyen a un plan con calificación de impuestos
- Personas de altos ingresos que ganan más de $160.000 al año
- Personas que desean ahorrar más de $5.000 al año en un ambiente con beneficios fiscales.

Si ya han llegado a este punto del libro, es probable que estas tres categorías no les sorprendan. Casi toda nuestra atención se ha centrado en uno de estos tres grupos. Así mismo, si para este punto no se sienten atraídos por esta nueva manera de ahorrar para su futuro, no es probable que este capítulo les impulse a hacerlo.

Sin embargo, si se sienten deseosos de saber más y determinar si este es un camino que se ajusta a sus sueños y deseos, entonces quizás este capítulo sea exactamente lo que necesitan como un repaso que les ayude a aclarar los conceptos.

Lo que quiero pedirles es que personalicen la siguiente sección. Busquen un lápiz o algo con que escribir y prepárense para hacer notas en el libro. Quiero que pongan una marca al lado de cada oración con la que se identifiquen. Si al final han puesto una marca al lado de más de dos o tres de estas opciones, entonces es muy probable que esta estrategia sea adecuada para ustedes.

¿Ya tienen con qué escribir? Entonces comencemos...

○ Soy una persona que quiere recibir un ingreso libre de impuestos durante mi retiro.

○ Soy una persona que necesita un seguro de vida.

○ Soy una persona que quiere ahorrar anualmente más de lo que una cuenta Roth IRA permite (Más les vale, o si no tendrán que tener un retiro muy corto.)

○ Soy una persona que ya está invirtiendo en un plan con calificación de impuestos en *un monto superior a lo que me deposita la compañía.*

○ Soy una persona que contribuye a un plan de compensación diferida.

○ Soy una persona que gana más de $160.000 al año.

○ Soy una persona que desea multiplicar su capital en beneficio de algo en lo que creo.

¿Pusieron una marca al lado de alguna de estas opciones? ¿Fueron dos o más? Si este es el caso, entonces la verdadera pregunta es: ¿Cuál es el siguiente paso? A continuación les presento mis sugerencias.

Nunca sabrán si este plan es el apropiado hasta que se reúnan con un agente de seguros o con un asesor honesto y de buena reputación que pueda evaluar sus necesidades individuales y luego recomendarles lo que sea mejor para ustedes – *no* lo que sea mejor para ellos. Es muy probable que ustedes ya conozcan a un agente de seguros de vida debidamente autorizado y que esta persona haya sido quien les regaló este libro, pues piensa que ustedes tienen el perfil de alguien que se beneficiaría de los conceptos aquí presentados. Si les gusta lo que han leído hasta ahora, entonces por favor tómense el tiempo de tener una consulta con su agente, pues podría cambiar el resto de su vida desde un punto de vista financiero.

Cuando escojan a la persona con quien desean trabajar, escojan a alguien que sea un experto en su campo, que les agrade y en quien puedan confiar. Esta persona no sólo defenderá sus intereses de la mejor manera posible, sino que hará que todo el proceso de descubrimiento sea una maravillosa aventura.

He tenido personas en mi oficina ansiosas de darme grandes sumas de dinero para comprar una póliza de seguro de vida con el propósito de acumular riquezas; sin embargo, he tenido que mirarlos a los ojos y explicarles que en su situación en particular esta estrategia no era la más adecuada. ¿Qué si les hubiera podido haber vendido la póliza? Sin duda, pues prácticamente me estaban tirando el dinero como resultado de algo que un amigo o pariente les había dicho. Pero el punto final es – no era la estrategia adecuada...*para ello*s.

La razón por las que les cuento esto es para explicarles cuán necesario es trabajar con alguien que no tenga miedo de perder la venta, de decirles con honestidad que hay mejores opciones para su caso en particular. Si tiene la sensación de que están tratando de calzarse un zapato que les queda muy pequeño entonces deténgase por un momento y busquen otro agente o asesor que esté dispuesto a poner *su bienestar como clientes* por encima de su propio bolsillo.

Una advertencia acerca de esto último. No se sientan intimidados de trabajar con un agente o asesor de éxito. Las personas que hacen el mejor trabajo por sus clientes normalmente terminan siendo los más exitosos. Es una de esas irónicas reglas del mundo de los negocios.

Ahora, viendo la otra cara de la moneda. ¿Quiénes *no* serían buenos candidatos para este tipo de plan?

- ○ Aquellas personas que *no* necesitan un seguro de vida como beneficio a la hora de su muerte **Y** que no desean ahorrar más de lo que una cuenta Roth IRA les permite.
- ○ Aquellas personas cuya salud no les permita calificar para un seguro de vida.
- ○ Aquellas personas cuya edad o salud hacen que el costo de un seguro de vida sea desproporcionadamente alto comparado con la acumulación de beneficios.

23

Retiro libre de impuestos para los hijos y los nietos

¿Los hijos y los nietos? ¿Cómo terminaron ellos en este libro? Antes de responder a esta pregunta debo revelar un pequeño secreto – casi no lo hacen. Pero no se lo digan a nadie.

Fue el resultado de uno de esos momentos de claridad súbita en el medio de la noche, saben de lo que les estoy hablando, una de esas ideas que se prenden como un bombillo cuando estamos insomnes dando vueltas en la cama. Cuando me di cuenta de esta errada omisión me eche a reír en voz alta. A veces las cosas más obvias son las más evasivas. Y esta es una de esas aplicaciones obvias que casi permanece en la oscuridad.

¿Se acuerdan del ejemplo del centavo, o el de la venta de Manhattan? ¿Qué tienen en común estos dos ejemplos? El poder del tiempo.

En este momento, en sus planes para el retiro, se enfrentan a tres variables: monto contribuido, tasa de crecimiento y TIEMPO. ¿Qué tal si pudieran eliminar la tercera variable de un todo? Pues bien, creo que es imposible eliminarlo de un todo, pero ¿qué tal si pudieran disminuirlo al punto de que fuera insignificante? ¿Lo harían? Pues bien, sí se puede. Quizás no para ustedes, pero si para la próxima generación.

Uno de los mayores defectos de los planes de retiro con calificación de impuestos es que se limitan exclusivamente a los trabajadores. ¿Cuántos trabajadores de tres años han visto últimamente en el mercado de trabajo? Es más, ¿Cuántos jóvenes de 18, 19 o 20 años conocen que ya comenzaron a ahorrar para su retiro? Les garantizo que no muchos.

¿Se acuerdan de aquel gráfico que mostraba los hábitos de ahorro de Jill y Mark? Jill ahorraba $2.000 al año desde que tenía 19 años hasta que tenía 26 y luego paraba, mientras que Mark ahorraba el mismo monto anual desde que tenía 27 años hasta que tenía 65. ¿Quién ganó? Jill. ¿Por qué? El tiempo.

¿Cómo se vería este mismo cuadro si los padres de Jill o sus abuelos hubieran comenzado a ahorrar $2.000 al año en su nombre desde su nacimiento? Las cifras fueran astronómicas. Si sus padres o abuelos hubieran comenzado a ahorrar $2.000 al año durante 18 años y luego hubieran dejado de contribuir para siempre, a los 65 años Jill tendría en su cuenta un balance de $8.847.811. ¡Impresionante! Sobre todo porque este capital de casi $9 millones es el producto de un total en contribuciones de $36.000, acumulados antes de cumplir los 18 años. Este monto de acumulación es más de ocho veces mayor que el de Mark, quien contribuyó más del doble ($78.000) durante el curso de treinta y nueve años.

Entonces, ¿Por qué un seguro de vida? ¿Acaso no existen otras opciones de inversión para padres y abuelos que quieran ahorrar para el futuro de sus hijos y nietos?

Sí, pero como ya hemos explicado, las otras alternativas presenta muchas debilidades y defectos – impuestos regulares, necesidad de llevar registros y complicados problemas de propiedad, sólo por nombrar algunos.

En realidad no existen muchas opciones viables…excepto por el seguro de vida. En mi opinión, un seguro de vida en la opción perfecta.

- No tiene requerimientos de edad o ingresos para las contribuciones; pueden comprar uno a nombre de sus hijos o nietos una semana después de su nacimiento y dejarlo que se acumule durante todas esas décadas adicionales de su vida.
- Crece sin pagar impuestos anuales; no hace falta estar pendiente de pagar impuestos.
- El titular puede acceder a su dinero libre de impuestos, si se planifica correctamente.
- Es sumamente flexible; ustedes deciden el método de pago.
- El costo del seguro en sí es muy bajo, pues se basa en la edad del niño.
- Ustedes deciden cuando (si así lo quieren) trasferir la propiedad al niño; pueden mantenerlo bajo su propio nombre durante esa difícil década de los veinte.
- Y lo mejor de todo, a menos que su hijo tenga algún problema de salud significativo al nacer, califican automáticamente para este seguro; este podría ser el caso cuando son adultos si sufren de problemas de salud.

En mi opinión, este podría ser el regalo más significativo que un padre o abuelo pueda hacerle a sus descendientes. ¿Les gustaría que los recordaran por ser la persona que les dio a sus hijos o nietos un regalo que ellos jamás podrán duplicar o pagar? Un regalo que continúa produciendo aún después de que ustedes falten y que probablemente impulse a sus descendientes a ser igualmente generosos con las siguientes generaciones. Un regalo que puede hacer una diferencia en la vida de miles de personas…si sus hijos o nietos siguen los principios delineados en el capítulo veinticinco.

Buena suerte y disfruten la oportunidad de dar regalos.

Parte VI: El paso siguiente

24

Retiro libre de impuestos turbocargado – Rescate de su cuenta IRA

Supongo que ustedes no sabían que su cuenta IRA necesitaba que la rescataran. Permítanme aclararles – ¡sí lo necesita! El problema es que la mayoría de las personas ni siquiera sabe de qué hay que rescatarla. ¿Quieren adivinar? Qué tal de nuestro viejo amigo, el gobierno. Existen muchas cuentas IRA en los portafolios de las personas que necesitan ser rescatadas de las fauces de los impuestos.

Por un momento quiero dividir el dinero es tres categorías diferentes. Dinero para ahora. Dinero para después. Dinero para nunca.

Dinero para ahora es el dinero que planean gastar hoy mismo.

Dinero para después es dinero que piensan ahorrar para algún momento en el futuro, ya sean unos pocos meses, uno años o unas décadas en el futuro.

Dinero para nunca es exactamente eso – dinero guardado en una cuenta que *nunca* vamos a gastar. Para aquellos de ustedes que se encuentran en la etapa de acumulación de sus vidas, o para aquellos cuya cuenta de retiro no tiene los fondos suficientes, puede que este concepto sea muy difícil de entender, pero no se imaginan cuán frecuentemente sucede. Un gran número de personas tiene dinero depositado en una cuenta que nunca piensan gastar. La llaman su cuenta de emergencia o su fondo de seguridad. Quién sabe cómo la llaman. El caso es que *nunca* piensan gastar ese dinero. Prefieren morir que tocar esos fondos. ¿Y dónde creen que está guardado este *dinero para nunca*? Lo adivinaron. En una cuenta IRA. Pero hay un pequeño problema, la agencia de recolección de impuestos no permite que ese dinero se quede allí sin tocar.

¿Recuerdan aquella discusión acerca de los que sucede el primero de abril del año siguiente cuando una persona cumple los 70 años y medio? La agencia de recolección de impuesto nos obliga a comenzar a retirar sistemáticamente el dinero depositado en una cuenta IRA cada año. Parece un poco tonto, ¿cierto? Que alguien les diga que tienen que *gastar* su dinero al llegar a cierta edad, sin embargo, se aseguran de hacerlo cumplir al pie de la letra.

Sin embargo, una vez más, existe una mejor opción – el *rescate de su cuenta IRA*.

¿Cuál creen que sea el propósito de esta cuenta de *dinero para nunca* que la gente tiene? ¿Qué sentido tiene tener dinero en una cuenta sin tocar hasta el momento de la muerte? Aún cuando la gente dice que es para una emergencia, o para sentirse seguros, cuando investigamos a fondo por lo general encontramos que el propósito es dejarles ese dinero a sus herederos. La gente quiere tener algo que dejar a su descendencia.

Hay quienes piensan que dejar su dinero en su cuenta IRA es una buena manera de dejarlo como herencia; pues no solamente *no* es una buena manera de dejar su dinero como herencia, es una de las *peores* maneras posibles de dejar un dinero como herencia. Repito, como ya hemos discutido antes, para el momento de la muerte del titular una cuenta IRA es gravada como si fuera un ingreso, a las tasas fiscales apropiadas, antes de pasar a los herederos. Por lo tanto, si la cuenta tiene un monto significativo de dinero y la persona vive en un estado que tiene impuestos estatales, entonces aproximadamente un 50% (según las tasas fiscales vigentes) va a parar al fisco antes de que los herederos vean un sólo centavo. Además ya les he explicado mi otro prejuicio; creo que estas tasas fiscales van a ser aún más altas en el futuro.

¿Ustedes piensan que así es como estas personas quieren disponer de su dinero? ¿Es así como ustedes quieren disponer de su dinero? De ninguna manera.

Por lo tanto, nuevamente, pongamos el sorprendente poder de los seguros de vida a trabajar en conjunto con el increíble beneficio de un pago libre de impuestos al momento de la muerte.

Recuerden, el servicio de recaudación de impuestos los va a *obligar* a comenzar a retirar el dinero de su cuenta IRA el primero de abril del año siguiente al que cumplan 70 años y medio. Sin embargo, con la estrategia que estoy a punto de mostrarles, esto ya no es un problema. Es más, esta distribución obligatoria les brinda el poder de multiplicar su cuenta IRA de formas que nunca antes imaginaron.

Si ustedes son personas que tienen una cuenta de *dinero para nunca* y si este dinero está depositado en una cuenta IRA, entonces *por favor lean con atención*. ¿Qué les parecería multiplicar la cantidad de dinero que dejan a sus herederos y al mismo tiempo disminuir sus impuestos a cero? Suena bien ¿verdad? ¿Qué cómo lo pueden hacer? Veamos.

¿Se acuerdan de esas frustrantes distribuciones obligatorias de las que ya hemos hablado? ¿Cómo creen que puedan usarlas? ¿Qué tal para pagar las primas anuales de un seguro de vida?

Piénsenlo. Están obligados a sacar el dinero de una cuenta que en realidad no desean liquidar. Lo mejor es usar esas distribuciones para comprar una cantidad de dinero aún mayor. A continuación les explico cómo.

Digamos que una persona tiene $50.000 en una cuenta IRA que no piensa gastar nunca. Está ahí para su seguridad y no para ser gastada. Está ahí sin tocar, creciendo y creciendo. Sin embargo, una vez que esta persona alcanza la edad de distribución obligatoria, la agencia de recolección de impuestos dice que esta persona *debe* sacar el dinero y no una sola vez, si no *cada año*. ¿Cuál suele ser el mayor obstáculo para comprar un seguro de vida? La prima anual. ¿Qué nos proporcionan estas distribuciones obligatorias? Una prima anual incluida. Es más, la mejor manera de estructurar esta póliza de seguro de vida es calcular el monto del seguro en base al monto del ingreso que esta cuenta de *dinero para nunca* genera.

Ustedes ni siquiera tienen que limitarse al monto mínimo de distribución. En muchos casos, la cuenta puede generar un ingreso anual sustancial sin tener que tocar el capital. Es este ingreso anual el que produce para comprar dos o tres veces el valor de la cuenta IRA en un seguro de vida. Además no olviden que ese monto acumulado es el que recibirán sus beneficiarios al momento de su muerte en *dólares libres de impuesto*.

Seguramente estarán pensando, "Suena genial," pero no quieren dejar de tener acceso a su dinero, por si acaso. ¡No se preocupen! Si usan un seguro de vida universal, mucho del dinero que pagan anualmente por concepto de primas aún estará disponible para ser retirado en caso de emergencia o de algún suceso inesperado. Se trata prácticamente del plan perfecto.

Por lo tanto, al rescatar su cuenta IRA, ¿qué han logrado? Han utilizado el aspecto negativo de una distribución obligatoria para su beneficio. Han multiplicado el monto del dinero que dejan en herencia por un factor significativo. Aún mantienen la liquidez de su dinero mientras estén con vida, lo que les brinda la seguridad que desean. Finalmente, no se olviden que siempre tienen su cuenta IRA original. ¿Quién sabe cuánto dinero quedará en la cuenta al final, y en cierta forma, a quién le importa? No obstante, incluso después de la distribución obligatoria puede que el monto aún sea significativo. Como yo lo veo, esta es una situación en la que todo el mundo gana.

Con frecuencia la gente pregunta, ¿y cuál es el truco? Una vez más les respondo, sin temor a equivocarme, "¡No hay *ningún* truco!" Esta es la manera más segura y significativa de multiplicar el monto de dinero que una persona puede dejar a sus descendientes haciendo uso de un método ya existente para pagar por las primas anuales del seguro de vida. Esta es la opción perfecta para aquellas personas que tienen un dinero guardado en una cuenta con la idea de dejarlo en herencia a la siguiente generación, o a una obra de caridad, o a alguna otra organización después de su muerte.

25

Dejando un legado

Creo que todos los seres humanos estamos interesados en saber si nuestra vida hizo alguna diferencia. Es una pregunta fundamental que nos planteamos en esas noches en que no podemos dormir. Esta pregunta tan solo nos la hacemos los seres humanos. Los pájaros no se la hacen, ni los peces, ni los monos. Pero nosotros queremos saber: ¿Cuál fue mi huella? ¿Qué importancia tuvo mi vida? ¿Logré hacer alguna diferencia en las vidas que toqué durante mi paso por el mundo? Se trata tan solo de la manera en que fuimos creados. Podemos ignorar estas preguntas, podemos evitarlas, incluso podemos negarlas, pero no podemos escaparnos de ellas. Nos seguirán hasta nuestros momentos finales en esta tierra. Y esto es algo bueno, porque todos fuimos creados con el fin de hacer una diferencia. Fuimos creados a propósito y con un propósito.

Sin embargo, lo más irónico es que la vida siempre encuentra la manera de desviarnos de nuestras búsquedas más trascendentales. Nuestros sueños de grandiosidad se ven reemplazados por los pagos de la hipoteca. Nuestros deseos más altruistas los cambiamos por el ajetreo del día a día y la pureza de nuestras convicciones juveniles se transforma en el desorden de nuestra vida adulta.

Sin embargo, inevitablemente alcanzamos nuestros años dorados. Los hijos ya crecieron. La hipoteca está pagada. Nuestra carrera la vemos a través del espejo retrovisor. Es en este momento que nuestro corazón se atreve a hablarnos de nuevo. Y ¿qué es lo que nos dice? Nos hace la misma pregunta que llevamos marcada desde nuestro nacimiento. *¿Hizo mi vida alguna diferencia?*

Si examinamos nuestras vidas con mucha dureza, nos vamos a recriminar por todas las oportunidades perdidas. Por las veces que fuimos codiciosos en vez de generosos. Por las veces en que fuimos bruscos en vez de amables. Por las veces que fuimos exigentes en vez de pacientes. Por las miles de oportunidades que tuvimos de hacer una diferencia y no hicimos nada. Los años perdidos. Los sueños olvidados. Las palabras no dichas.

Es incluso posible llegar a un punto en nuestras vidas en que sentimos que nuestra oportunidad de hacer una diferencia ya está más allá de nuestro alcance. Si ustedes se encuentran en esta etapa de la vida, o conocen a alguien que lo está, no se desanimen. ¡*Nunca* es demasiado tarde para hacer una diferencia! Este capítulo se trata de cómo hacer que sus vidas cuenten, y esto siempre es posible. El pasado es irrelevante, su futuro puede hacer una diferencia significativa en la vida de miles de personas y esto no es una exageración. Ustedes tienen la capacidad de dejar una huella significativa en el mundo durante muchas generaciones.

Durante más de 20 años he estado involucrado con obras de caridad y organizaciones sin fines de lucro y ¿saben qué? Que hay un hilo en común entre todas estas organizaciones. Todas necesitan dinero. Su trabajo se ve afectado por la falta de recursos. Me resulta sorprendente pensar cuánto más pudiera lograrse si estas organizaciones no tuvieran que preocuparse por cuestiones de dinero. Incontables vidas recibirían atención, millones recibirían comida, ropa y cuidados. El dinero es el gran obstáculo al que se enfrentan todas las obras de caridad en el mundo, pero no tiene por qué ser así. El caso es que el problema de estas organizaciones no es un problema de falta de dinero sino de falta de corazón.

No es de ninguna manera mi intención hacer que este capítulo les haga sentir culpables y terminen haciendo un donativo por esta razón. No, mi intención es que una vez que las personas reconozcan la verdadera pregunta que guardan en sus corazones, se sientan *inspiradas* a dar. Que buscarán la manera de multiplicar su riqueza en nombre de las generaciones que les han de seguir. Sin embargo, lo realmente emocionante es que esto se puede lograr de una manera muy sencilla. Ustedes tienen ahora la capacidad de invertir de una manera tal que les permita hacer una diferencia significativa y duradera en la vida de incontables personas durante décadas por venir.

Durante mi carrera profesional siempre he tenido la esperanza de poder inspirar a miles de individuos a que gustosamente donen miles de millones de dólares a las obras de caridad y que este dinero serviría para alimentar al hambriento, vestir al pobre, ayudar a los analfabetas a leer y para brindar atención a quienes sufren y están desamparados. Y de ninguna manera pienso que ésta sea una meta inalcanzable.

Por tanto, ¿quieren hacer una diferencia? ¿Quieren hacer que su vida y su fortuna cuenten? ¡Pues pueden hacerlo!

Teniendo el conocimiento de que este libro se ha centrado en el milagro de los seguros de vida, no debería sorprenderles que una vez más hagamos uso de sus poderes para crear esta nueva visión para nuestras vidas. Lo que han leído hasta ahora en este libro les acerca a esta meta en un 99 por ciento. Tan solo nos queda ese último crítico uno por ciento y no tengan duda de que ese uno por ciento es crítico, pues lo importante no es cómo arrancamos sino cómo llegamos a la meta.

Esto me recuerda una historia de la vida real que sucedió en la olimpíadas de 1968. Una hora después de que el ganador del maratón olímpico hubiera cruzado la meta, John Stephen Akhwari de Tanzania cruzó la meta cojeando, lesionado por una caída al comienzo de la carrera. Cuando le preguntaron que por qué no se retiró, dijo, "Mi país no me mandó a más de 7,000 millas de distancia para que arrancara la carrera. Mi país me mandó aquí para que la terminara."[12]

Al igual que este corredor, creo que todos deseamos terminar con fuerza nuestra carrera personal. Las primeras 26 millas de nuestra vida las dedicamos a adquirir y acumular. Pero luego nos acercamos a las yardas finales. Al último uno por ciento. ¿Y cuál es este último uno por ciento de nuestra carrera desde un punto de vista financiero? – la distribución. ¿Qué vamos a dejar y *a quién* vamos a dejárselo?

Deténganse por un momento y háganse una pregunta. Háganlo de verdad, no de manera retórica. Hagan una pausa y piensen cuál de estas visiones hacen que su corazón lata un poquito más rápido. Al morir, ¿prefieren dejar su dinero a sus hijos para que puedan comprarse un mejor carro o construirse una casa más grande? ¿O preferirían asignar su dinero de manera tal que terminen siendo los defensores de los menos afortunados, que se use para construir casas para los que no tienen un techo, para dar de comer al hambriento, para traer esperanza a quienes no la tienen, con la certeza de que cada vida que toquen se multiplicará en las vidas de otras personas beneficiadas por años de años? ¿Esta segunda posibilidad no les hace sentir una nueva sensación de importancia?

Si utilizan su seguro de vida para construir un *Retiro libre de impuestos* o para ejecutar un *Rescate de su cuenta IRA* tal y como lo describe este libro, es muy probable que descubran que hay dinero suficiente en sus pólizas mucho después de que ustedes lo necesiten para sus propios fines. Por lo tanto, ¿qué pueden hacer con todo este dinero? ¿Quién va a recibir esta fortuna? ¿A quién se la piensan transferir?

Sin detenerse a estudiar sus opciones, mucha gente les deja todo a sus hijos, nietos y demás familiares. Sin embargo escúchenme; dejarles el dinero a sus hijos o familiares no tiene nada de malo, especialmente si estas personas tienen necesidades. No obstante, en el caso de la mayoría de nosotros, nuestros hijos ya tienen suficiente. En realidad no necesitan tener más. Nuestra herencia les creará más problemas de los que les ayudará a solucionar. Créanme. No puedo decirles cuántas personas y familias he visto pelearse por la distribución del dinero de sus padres. ¿No son nuestras relaciones familiares más importantes que el dinero? Por supuesto que sí. No sólo eso, sino que a medida que estamos dispuestos a ayudar siguiendo nuestros ideales, muchos de nuestros hijos también lo harán. Por lo tanto, podemos dejar un legado no solo de dinero, más importante aún, podemos dejar un legado de nuestro espíritu de compartir.

En realidad, algunas de nuestras cosas van a pasar a nuestros herederos, pero no se trata de una situación de todo o nada. ¿Qué tal si parte de su dinero pasara a manos de una organización en la que creen fervientemente? Piensen en lo divertida que sería esa llamada telefónica. Digamos que su pasión es la de proveer para cubrir las necesidades de los pobres de este mundo. Una organización que hace un gran trabajo en esta área es World Concern, con base en la ciudad de Seattle, Washington. Digamos que ésta es una de las organizaciones a las que deciden dejar su dinero. La conversación pudiera ser similar a la siguiente:

"Hola, ¿podría hablar con el presidente de World Concern por favor?"

"Sí, un momento por favor."

"Hola. Yo se que ustedes no me conocen y la verdad no estaba seguro de con quién debería hablar en su organización, por lo que decidí irme por lo más alto. Siento profunda admiración por lo que su organización hace para cubrir las necesidades de los que más lo necesitan en el mundo entero y quiero asignarles el 50% de mi póliza de seguro de vida, de manera que cuando yo muera, una porción de mis bienes pase directamente a sus manos."

Silencio.

"Hola, ¿Aún está allí?" pregunta.

"Si, lo siento mucho. Es que nunca antes había recibido una llamada como esta y no sé qué decir. Eso es increíblemente generoso. Gracias."

"No hay de qué. Gracias por el trabajo que su organización sigue haciendo alrededor del mundo. Me siento orgulloso de poder dar a una organización que hace una diferencia tan grande."

"Gracias por sus amables palabras. Antes de terminar, ¿podría hacerle una pregunta de tipo práctico acerca de su regalo?"

"Claro. ¿Qué quiere saber?"

"Obviamente, como los fondos provienen de un seguro de vida, sabemos que su regalo no lo tendremos hasta algún momento en el futuro, pero ¿cómo cuánto está pensando en donar?"

"Pues bien, la verdad es que no tengo el monto exacto porque el monto total del beneficio continuará cambiando con el paso de los años, pero debería estar en el área de los tres a cuatro millones."

Nuevamente, silencio.

"Está bromeando, ¿cierto? ¿Hay alguna información que no entendí? Jamás en mi vida había recibido una llamada como esta."

"Pues no. Esto no es una broma. Quiero que mi vida haga una diferencia incluso después de mi muerte y creo que su organización representa la visión que me permitiría lograrlo. Por favor, usen el dinero con sensatez y hagan una diferencia en tantas vidas como les sea posible. Gracias."

¿Cómo se sentirían si éste fuera su legado al morir? Tan sólo puedo imaginar lo divertido que sería el día en que hicieran esa llamada.

¿Que cómo lo pueden hacer? Muy sencillo. Todo lo que tienen que hacer es actualizar la planilla donde nombran a sus beneficiarios para designar el porcentaje que desean legar a cada persona u organización. ¡Eso es todo! Ese es el uno por ciento final de la carrera. La distribución de nuestro dinero será la meta financiera. Y nada puede ser más sencillo que dirigir los fondos de nuestro seguro de vida. Esto no implica altos costos legales de sucesión ni complicadas ramificaciones fiscales. No hay necesidad de llenar complicados formularios, tan sólo un sencillo cambio de beneficiario y ya está.

Como nota aparte, esta visión se puede llevar a límites novedosos y excitantes usando una variedad de fideicomisos, sin embargo el alcance de este capítulo no llega a cubrir las complicaciones de éste último tema. El propósito de este capítulo es ampliar su visión, ayudarles a responder esa pregunta que llevan en el fondo de su corazón. "¿Hizo mi vida alguna diferencia?"

Mi deseo es que ustedes puedan responder esta pregunta con un sonoro "¡Sí, mi vida sí hizo una diferencia!" Utilicen el poder del seguro de vida para multiplicar su riqueza y luego úsenla para traer consuelo y alegría a las miles de personas en nuestro mundo que son menos afortunadas.

¡Sueñen en grande! ¡Hagan una diferencia! ¡Dejen un legado!

Referencias

[1] Domiguez, Joe & Rubin, Vicky. Your Money or Your Life. Penguin Books, 1992.

[2] Weldon, Joel H. The Unlimited Times. Joel H. Weldon & Associates, Inc., 1997.

[3] Del sermón del Pastor Gino Grunberg, Harbor Christian Center, Washington.

[4] Esta idea se le acreadita a Larry Burkett

[5] 2 Corintios 9:6. The New International Bible.

[6] Social Security Administration. "about Social Security's Future…." Your Social Security Statement. www.socialsecurity. gov. pg 1, col. 1 & 2.

[7] Reloj Nacional de la Deuda de los EE.UU. – http://www.brillig. com/debt_clock/

[8] Fram, Alan. "Senate votes to let US borrow up to $8.18 trillion." The Boston Globe. 18 de noviembre de 2004.

[9] Welna, David. "Congress Sets new Federal Debt Limit: $9 Trillion." National Public Radio, Morning Edition. 16 de marzo de 2006.

[10] Internal Revenue Services, United States Department of the Treasury. IRS Publication 590 (2005), Individual Retirement Agreements (IRAs). www.irs.gov/formspubs

[11] Internal Revenue Services, United States Department of the Treasury. 2006 Federal Tax Rate Schedules. www.irs.gov/ formspubs

[12] Del sermón del Pastor Stuart Bond, Chapel Hill Presbyterian Church, Gig Harbor, Washington.